AF368650

LE COMMANDANT

GUZMAN

PAR

Le Lt-Colonel F. DUMAS

OFFICIER DE LA LÉGION D'HONNEUR

INGÉNIEUR CIVIL, LICENCIÉ EN DROIT

Deuxième Édition

PARIS

LIBRAIRIE PLON

E. PLON, NOURRIT ET Cie, IMPRIMEURS-ÉDITEURS

RUE GARANCIÈRE, 10

1887

LE COMMANDANT

GUZMAN

PARIS. — TYPOGRAPHIE DE E. PLON, NOURRIT ET Cⁱᵉ, RUE GARANCIÈRE, 8.

LE COMMANDANT
GUZMAN

PAR

Le Lᵗ-Colonel F. DUMAS

OFFICIER DE LA LÉGION D'HONNEUR
INGÉNIEUR CIVIL, LICENCIÉ EN DROIT

Deuxième Édition

PARIS

LIBRAIRIE PLON

E. PLON, NOURRIT et Cⁱᵉ, IMPRIMEURS-ÉDITEURS

RUE GARANCIÈRE, 10

1887

DÉDIÉ

Par *MADAME VEUVE GUZMAN,*

MÈRE DE PIERRE GUZMAN,

A LA MÉMOIRE DE SON FILS.

LE COMMANDANT

GUZMAN

CHAPITRE PREMIER

DE L'ENFANCE A L'ÉCOLE D'APPLICATION
DE METZ.

Nous entreprenons une œuvre bien difficile.
On se dira probablement, en voyant le grade
de celui dont nous allons parler, qu'il est en
effet bien difficile de dire quelque chose sur
un chef d'escadron, dès qu'on a épuisé les
phrases banales qu'une camaraderie bienveil-
lante trouve toujours à dire d'un ami qui vous
est prématurément enlevé. Hélas ! non, le difficile ne vient pas de là ! Nous craignons d'être
au-dessous de la tâche ; nous avons peur de
ne pas être à hauteur de ce que nous avons à

raconter. Aussi notre seul espoir est-il que le sujet nous entraînera, et qu'il nous inspirera pour bien dire ce que fut jusqu'à sa mort cet excellent ami, ce grand cœur, ce fils dévoué, ce travailleur infatigable.

Si l'on écoute les lois, on les entendra dire, avec grand bruit, que nous sommes tous égaux devant elles ; que nul n'avance que par son mérite ; que le travail et l'intelligence sont les deux seules portes par lesquelles on puisse passer pour atteindre le succès. Si l'on écoute les hommes qui ont une certaine expérience de la vie, ils vous diront que notre société se divise uniquement en deux catégories : celle des dupeurs et celle des dupés. Heureusement pour l'espèce humaine, il y en a une troisième, qui semble avoir reçu la mission d'augmenter sans cesse l'héritage intellectuel de l'humanité, même en travaillant toujours pour les autres. Cette catégorie, la moins nombreuse, est composée de tous ces hommes qui, dans toutes les professions, ne sont rebutés par rien ; travailleurs acharnés, toujours à la peine, faisant progresser en silence leur spécialité; travailleurs dont un dupeur prend un jour les travaux, les démarque, les met à son nom, et les lance ainsi travestis dans la circulation. Le dupeur prend le profit et la gloire; le travailleur reste dans son oubli et sa fatigue, et cependant, jamais découragé, il marche son chemin, et l'esprit humain marche avec lui.

Avec quel âpre plaisir, lorsqu'on rencontre un de ces pionniers, on le jette à la face de cette société qui prône si haut son unique loi du jaugeage des hommes par le mérite, tandis qu'en réalité elle se transforme vite à l'usé en une tourbe de farceurs et de victimes! Le commandant Guzman fut un de ces travailleurs, passant, non insensible, mais indifférent aux mauvais procédés, extrêmement reconnaissant des bons, travaillant pour le travail lui-même, faisant progresser la science, et ne s'arrêtant que lorsque la mort glace ses facultés. Voilà pourquoi nous redoutons tant d'être au-dessous de la tâche que nous entreprenons aujourd'hui.

Dès le début, nous nous trouvons en présence d'une phrase sacramentelle : Tous les grands hommes ont été élevés sur les genoux d'une mère pieuse, qui leur a inculqué toutes les vertus. Eh bien! ici encore la phrase sacramentelle est profondément vraie. Le commandant Guzman est resté garçon, sa mère lui a survécu, et l'on peut dire, d'une manière absolue, qu'ils ne se sont jamais quittés, du premier au dernier jour de notre ami. Mais quelle mère !

Nous ne pouvons résister au désir de placer ici la prière fervente que madame Guzman fit à l'intention de son fils, lorsque celui-ci commençait à éprouver les effets de l'inépuisable calice d'amertume que nous aurons à dépeindre :

SEIGNEUR, DOUX JÉSUS !

Sur ses travaux, que votre esprit
Mette son empreinte divine ;
Bénissez tout ce qu'il écrit ;
Le plus caché, qu'il le devine.

Du baume de votre blessure
Guérissez le mal de son cœur ;
Payez, Seigneur, avec usure,
Les déceptions et la douleur.

> Faites aussi qu'il se souvienne
> Des gages de votre bonté ;
> Que ce souvenir le soutienne,
> L'ange gardien à son côté !

Né le 12 juillet 1834, Guzman était très-jeune lorsqu'il perdit son père ; sa mère trouva dans son amour maternel ce que toutes les vraies mères y trouvent : la résolution d'élever virilement son fils ; mais pour l'immense majorité, le but à atteindre est au-dessus de leurs forces ou de leurs moyens. La mère du commandant Guzman trouva dans son intelligence supérieure le moyen d'accomplir l'œuvre que sa volonté avait entreprise.

Dans son enfance, Pierre Guzman fut victime d'un accident à la suite duquel il eut une fièvre typhoïde ; sa mère dut, pendant des années, lutter contre le mal pour lui arracher son enfant, en même temps que, sans fatiguer cette organisation fragile, il fallait développer la jeune intelligence, qui d'ailleurs s'y prêtait admirablement. Grâce à cette vie à deux, la santé finit par prendre le dessus, et à l'âge de l'adolescence, Guzman possédait à fond quatre langues étrangères : l'anglais, l'allemand, l'espagnol et l'italien. Dès cette époque, nous voyons poindre un des traits dominants de son caractère, la droiture. Tout le monde sait que le petit monde des colléges commence à annoncer ce que sera plus tard le monde de la vie réelle. Les individualités saillantes sont vite saisies et mises en lumière par un sobriquet venu on ne sait d'où, prononcé en même temps par beaucoup de camarades, mais dépeignant l'enfant d'un seul mot; souvent ce mot contient une prédestination réelle de l'homme. Une nature d'élite comme celle de Guzman ne pouvait échapper à cette loi mystérieuse. Au collége, on l'appelait « l'honnête Guzman »; à l'École polytechnique, on le surnomma « Don Diègue ».

L'enfant manifestant de bonne heure une grande disposition pour les mathématiques, sa mère le mit au lycée de Versailles. Les quatre années qu'il y passa, de 1848 à 1852, comme externe, fourmillent de traits qui dénotent chez l'adolescent le caractère tout entier porté au sacrifice en faveur de ce qui est à ses yeux le droit et l'honnêteté.

En 1852, Guzman prit part au grand concours, au titre du lycée de Versailles ; il eut un accessit en mathématiques et un en physique. Cette même année, il fut reçu à l'École polytechnique avec le n° 33 sur cent dix élèves admis [1]. Ces succès furent un grand triomphe pour Guzman et surtout pour sa mère. Veuve, sans appui et avec une modeste fortune, elle s'était montrée à la hauteur du proverbe : « Guzman ne connaît pas d'obstacles. » Elle avait arraché son fils à la plus grave maladie, lui avait donné une éducation supérieure, une instruction large et intelligente. La mère avait fait tourner au profit du fils tous les malheurs de la famille. En entrant à l'École polytechnique, Guzman se trouvait avoir

[1] Il est bon de rappeler que cette époque est celle où les concours furent le plus difficiles ; le nombre des candidats était toujours le même, mais le nombre des élus était terriblement diminué. L'auteur de la présente biographie demande d'en citer comme exemple ce qui lui est arrivé à lui-même, l'année précédente, c'est-à-dire en 1851. Admissible à l'École polytechnique, il fut classé le 104e, mais on n'admit que quatre-vingt-dix élèves !

voyagé beaucoup plus que tous ses camarades ; il savait grammaticalement et prati-
quement l'anglais, l'allemand, l'espagnol et l'i-
talien. Encore bien jeune, il avait déjà acquis
cette maturité que donnent, dès l'enfance, aux
natures d'élite, les cruelles épreuves de l'adversité, et supporté quelquefois de ces privations qu'il faut cacher aux camarades de classe
plus fortunés, et au milieu desquels on vit.

Entré 33e à l'École polytechnique, Guzman encore maladif en sortit deux ans après,
en 1854, le 57e. On était alors en pleine guerre
de Crimée, et la consommation en officiers
d'artillerie était considérable. La nécessité
força donc le gouvernement à demander à
l'École polytechnique le maximum de ce
qu'elle pouvait donner pour l'élément militaire. L'effort à faire était considérable, car,
depuis plusieurs années, on avait fixé le
nombre des admissions comme si l'on était
dans une ère de paix éternelle : en 1851,
il n'entra que quatre-vingt-dix élèves à
l'École polytechnique ; en 1852, il en entra
cent dix. Que sont ces nombres, auprès des

nécessités que les années suivantes allaient
révéler ! Quoi qu'il en soit, un nombre fort
appréciable d'élèves, entrés en vue des carrières civiles, surpris brusquement par la
nécessité de se faire militaires, préférèrent
donner leur démission à la sortie de l'École et
se lancer dans les hasards de la vie, avec le
seul titre d'anciens élèves de l'École polytechnique. Ces démissions produisirent sur la
promotion un effet profond et durable, car nous
trouvons dans des notes de Guzman, écrites
vers la fin de sa carrière : « À cette époque, la
résolution de ces jeunes gens fut très-sévère-
ment jugée, et, pendant un certain temps, il y
eut contre eux un sentiment de réprobation.
Et cependant, combien j'en vois aujourd'hui
qui ont fait grassement fortune, à leur aise
dans la vie civile, et qui ont obtenu la même
croix d'honneur que leurs camarades militaires, dont elle est, pour ainsi dire, l'unique
récompense ! »

Nous ne reproduisons, bien entendu, cette
citation que pour montrer qu'à sa sortie de
l'École polytechnique, Guzman, dont la santé

se ressentait encore des maladies de l'adolescence, ayant comme ses camarades le même
titre d'élève de l'École, ayant devant lui
l'exemple de plusieurs camarades qui bra-
vaient le qu'en dira-t-on, Guzman, seule affection de sa mère, eût bien pu imiter cet
exemple et tenter la fortune de la vie civile,
dont la camaraderie ouvre toujours les portes.
Mais il était l'*honnête Guzman*, le *Don
Diègue* de la promotion ; c'était un devoir
d'être militaire : il l'accomplit. Il entra donc
à l'École d'application de Metz, comme sous-
lieutenant d'artillerie.

La guerre avait fait demander à l'École polytechnique le plus grand nombre possible d'é-
lèves pour les carrières militaires ; le même
motif fit demander à l'École d'application de
garder les jeunes officiers le moins longtemps
possible. On augmenta le travail quotidien, et
l'on réduisit à quatorze mois le séjour de la
promotion de 1854 à l'École d'application.
Dans toutes les écoles, ce fut la même chose,
à cette époque. On se levait à cinq heures du
matin, et le travail continuait, sans autre arrêt

que l'heure du déjeuner, jusqu'à cinq heures du soir. Les élèves pouvaient alors prendre un repos de quelques heures pour le dîner et la détente de l'esprit. Ces heures de repos si bien gagnées, Guzman ne les prenait pas.

Nous possédons, écrits par lui, ces souvenirs de jeunesse, où il retrace sa vie à l'École de Metz, ses impressions de chaque jour; nous retrouvons là cette nature délicate, qui ne s'est jamais démentie dans sa vie : extrêmement sensible à tout acte qui le vise ou le touche, se repliant sur lui-même devant les mauvais procédés, extrêmement reconnaissant devant les bons, qu'il n'oubliera jamais. Nous voyons Guzman dispensé du cours d'allemand, mais se plaisant dans la compagnie du Père Mahl, professeur à l'École, et prenant sa récréation à aller le soir, par la neige ou la pluie, chez son professeur, au village du Sablon, passer la soirée en des causeries sérieuses. Sa description de l'examen de sortie de l'École est très-touchante par l'enthousiasme et les illusions qui l'animent.

Son inspecteur général est le général Morin,
qui fut directeur du Conservatoire des arts
et métiers. Après un examen d'une heure et
demie sur les matières du programme, l'inspecteur général entreprend notre élève successivement en allemand, en anglais, en
espagnol et en italien. Nous disions en com-
mençant que Guzman devait beaucoup à sa
mère; le moment est venu d'en donner une
preuve.

Il n'est pas d'usage, dans les écoles militaires, que le général commandant l'école
écrive aux parents des élèves des lettres con-
fidentielles sur le compte des jeunes officiers.
La valeur de Guzman était telle, que le général
commandant l'École de Metz écrivit à madame Guzman la lettre suivante :

« Metz, le 12 mars 1855.

« Madame,

« Le jury d'examen de l'École d'application, dans sa séance d'hier 11 du courant, a
arrêté le classement de sortie de la promotion

dont fait partie monsieur votre fils, et l'a placé le sixième sur la liste.

« L'excellente conduite de M. Guzman, le zèle et l'intelligence dont il a fait preuve lui ont valu ce succès ; mais il le doit encore à vous, Madame, qui avez si bien su diriger sa première éducation. Ses connaissances dans les langues étrangères dont il vous est redevable ont eu une heureuse influence sur l'opinion, déjà très-bonne, que le jury tout entier avait conçue de lui. Que le sentiment du devoir, que vous avez su lui inspirer, le fasse continuer à rechercher l'estime et l'affection de ses chefs par son travail, sa conduite, et l'élévation de sentiments qu'il a puisée près de vous.

« Je suis heureux, Madame, de pouvoir vous adresser les félicitations les plus sincères. »

CHAPITRE II

Le travail persistant de Guzman eut cette
fois sa récompense (une fois n'est pas cou-
tume) : il sortit le 6ᵉ de l'École d'application.
Mais si les besoins de la guerre de Crimée
avaient fait surmener les études et diminuer la
durée du séjour des élèves à l'École de Metz,
les circonstances se trouvaient changées; on
était alors à la fin de mars 1856, la paix venait
d'être signée, et le temple de Janus se trouvait fermé pour un temps. Malgré cela, ses
bonnes notes lui valurent de faire campagne,
au moment même où, comme nous venons de
le dire, il ne s'ouvrait devant les jeunes sous-
lieutenants sortant de l'École d'autre perspec-
tive que celle de la vie de garnison. Guzman
fut placé à la 1ʳᵉ batterie du 4ᵉ régiment d'ar-

tillerie à pied, détachée à la division d'occupation de Rome. On peut penser quelle fut sa joie et dans quels termes il raconte ce lointain souvenir.

Il met en parallèle la vie de garnison et celle d'une batterie détachée, pour le lieutenant sortant de Metz. Il se plaint qu'il n'y eût pas dans les régiments « des conférences intéressantes, des études générales, élevées, intelligemment conduites pour attacher les jeunes officiers à leur carrière, et développer leurs connaissances techniques et leur initiative ». Certes, Guzman a cent fois raison ; et pourtant, aujourd'hui que l'expérience d'une longue carrière nous fait apprécier les choses à la réalité de la vie, nous nous demandons dans quelles limites tout cela est possible. Quel est le sous-lieutenant sortant de l'École qui n'ait la tête pleine de projets de réforme ? Qui n'est convaincu que la patrie n'attendait que lui pour en recevoir une forte impulsion vers de splendides destinées ? Allez donc faire entendre aux officiers qui sortent maintenant de l'École de guerre, qu'on ne manie pas

cent mille hommes comme un simple bilbo-
quet ! C'est très-beau, les conférences, les
études attachantes, etc.; mais dans quel temps
fera-t-on tout cela ? Car, enfin, il ne faut pas
oublier l'instruction militaire d'hommes que
l'on vous laisse de moins en moins, et qu'il
faut façonner de telle manière que l'impression
qu'on leur donne dure jusqu'à quarante ans.
Puis, les forces humaines ont une limite, la vie
de tous les jours a des exigences qui ne sont
pas exclusivement militaires. Quelle que soit
la variété des sujets adoptés, il faudra tourner
dans un cercle. Comment satisfera-t-on au
côté humain qui demande une sanction à la
fatigue? Qui peut apprécier que tel officier a
bien fait de travailler dans telle voie, que son
travail a été réellement utile aux autres? Ces
questions sont insolubles; elles sont éternellement soulevées par les nouveaux venus et
éternellement reçues en souriant par les
anciens, les ardents d'autrefois, les vieux, les
encroûtés, les désillusionnés d'aujourd'hui.

La vie de Rome *empoigna* Guzman, comme
elle nous empoignait tous. Nous ne la décri-

rons pas ici ; tous ceux qui y ont passé la
connaissent, et c'est avec délices qu'on se
replonge dans ses souvenirs, en relisant Sten-
dhal, Nibby, Vasi et autres guides, chacun
selon celui qu'il préférait. Il faut lire la description que Guzman fait de sa vie dans la
Ville éternelle, sa sensibilité aux bons procédés
de ses chefs pour lui. Sa mère vint le voir à
Rome et y passer un assez long temps avec
lui, partageant ses joies, ses enthousiasmes,
calmant même ses rêves de gloire ou d'avenir,
que tout, à Rome, excitait chez les officiers
de la division d'occupation.

Comme tous les sous-lieutenants sortis de
l'École d'application avant la date ordinaire,
Guzman ne sortit de l'École de Metz que
sous-lieutenant; mais dès qu'il eut accompli
deux ans de grade de sous-lieutenant, il fut
promu lieutenant; au bout de six mois il fut
nommé lieutenant en premier et maintenu à
Rome. Tout n'était pas rose dans la situation
de la division d'occupation à cette époque.
En 1859 surtout, la division devait maintenir
dans Rome et la campagne romaine (instruc-

encombre. Deux incidents notables sont à retenir. On arriva au Cap après soixante jours de navigation. Le moral des officiers était toujours bon, mais celui de la troupe s'affaiblissait, et il fallait une diversion à tout prix. Le commandant demandait qu'on fît débarquer les troupes pendant un jour, au moins. Nous allions combattre avec les Anglais; raison de plus pour que ce débarquement sur le sol d'une possession anglaise fût une grosse affaire ; débarquement qui devait s'effectuer sans armes, bien entendu. Il y avait à bord un interprète ; on l'envoie porter la demande à l'autorité territoriale. L'interprète revient bientôt avec un refus formel. Le compte rendu de cette mission, fait devant l'état-major des troupes embarquées, inspire des doutes sur la manière dont on s'est compris à terre, entre interprète et autorité. Le commandant, qui sait que Guzman parle l'anglais comme sa propre langue, le prie de se rendre à terre, et de faire en sorte de réussir, là où l'interprète a échoué.

Guzman accepte très-volontiers cette mission; il se rend au Cap, voit le commandant anglais, et, grâce à sa profonde connaissance de la langue et des usages, en moins de cinq minutes, les deux interlocuteurs sont complétement d'accord, et l'autorisation de débarquer pendant 48 heures est accordée sur-le-champ pour tout le monde. Ce succès le rendit très-populaire, à terre et à bord. Il passa les deux jours dans la société anglaise, où l'on se l'arracha littéralement. Il a toujours conservé un souvenir attendri de cette réception.

Le commandant en second de l'expédition, le général Jamin, faisait route sur l'*Entreprenante,* et le lieutenant Guzman était son interprète tout indiqué. Le général était très-apprécié et très-estimé de nos alliés; il ne fallut rien moins que son habileté, son exquise urbanité et la profonde sympathie que le lieutenant Guzman s'était gagnée tout de suite dans le haut personnel de la colonie anglaise, pour triompher de la difficulté suivante : Une des frégates de la flotte de transport, l'*Andromaque,* chargée d'infanterie de ma-

rine, arriva au Cap, après quatre mois de traversée, avec la petite vérole à bord, et ayant
jeté à la mer tout son matériel d'ambulance.
L'*Entreprenante* se trouvait, à ce moment, en
relâche au Cap; il fallait obtenir des Anglais
la permission de débarquer les malades, ce à
quoi résistait énergiquement le conseil de
santé de la colonie. Le général Jamin et son
interprète, unis de cœur dans leurs patrio-
tiques efforts, arrachèrent cette faveur au
général anglais. Nos soldats furent débarqués
dans l'îlot de *Roden-Island,* éloigné de la
baie; ils y campèrent, et la plus grande partie
y retrouva la santé. L'*Andromaque* put y être
assainie, et elle reprit la mer après s'y être
ravitaillée.

Le deuxième incident est beaucoup plus
grave; laissons-le raconter à Guzman lui-
même.

« Dans la vie du marin ou du soldat, les yeux
s'ouvrent parfois sur des scènes d'angoisse,
au sortir d'un profond sommeil. J'en eus un
exemple dans la traversée de l'*Entreprenante,* du cap de Bonne-Espérance au détroit

de la Sonde. Nous naviguions en plein océan
Austral, le temps était devenu très-gros; mais
cependant je me couchai comme d'habitude
dans mon cadre, vers dix heures du soir, le
24 février 1860. Je dormais profondément,
quand je me sentis secoué par l'épaule, en
même temps qu'une voix forte me criait :
« Levez-vous, Guzman, nous sommes en
« danger! » L'obscurité était profonde dans
la batterie autour de moi; j'avais reconnu la
voix de mon camarade Haillot; je me jetai
à bas de mon cadre et je tombai dans une
hauteur de deux pieds d'eau, qui balayait le
plancher de la batterie, en suivant les oscillations démesurées du navire.

« Je mis ce que je pus atteindre de vêtements, et, tantôt marchant, tantôt rampant, je
gagnai le pied de l'escalier de l'écoutille du
gaillard d'arrière. Les officiers qui n'étaient
pas de service s'y trouvaient réunis, cram-
ponnés comme ils le pouvaient pour résister
aux secousses, qui menaçaient de disjoindre
le bâtiment. L'aumônier du bord, l'abbé Séré,
était là, la figure calme et digne, se préparant

à remplir un dernier devoir. A l'intérieur, on
entendait tous les assemblages de charpente
de la membrure qui criaient des gémisse-
ments sinistres, et, en même temps, les voix
aiguës de quelques jeunes soldats, qui se
jetaient à genoux, imploraient le ciel et appe-
laient leurs parents ; à l'extérieur, la tempête
hurlait dans toute sa puissance ; elle produi-
sait des sifflements aigus en passant dans les
cordages, et des coups semblables au canon
en battant les lambeaux de voiles emportées.

« En montant dans l'écoutille, je voulus
voir le spectacle que présentait le pont. Le
ciel était clair, et l'on y voyait briller les étoiles,
qui semblaient danser, tant les grandes embor-
dées les déplaçaient à nos yeux ; le navire,
entre les vagues, semblait entre deux chaînes
de montagnes, profilant leurs crêtes neigeuses
et mouvantes sur le ciel, dans une vallée où
le vent aurait tout arraché. Quand le bateau
porté sur la vague en coupait les sommets, il
plongeait dans l'eau bien au-dessus des bastin-
gages et semblait pour un moment disparaître.
Nous craignions à chaque instant que cette

immense carène, de cent mètres de long, se disloquât sous les efforts de la mer, ou que les deux voiles qui nous restaient, le petit hunier et la brigantine, ne fussent aussi emportées.

« Toute la nuit se passa dans cette anxiété; le vent se calma le matin suivant, et, quoique pendant plusieurs jours la tourmente fût encore assez forte pour nous tenir en haleine et suspendre la vie ordinaire du bord, nous avions passé le moment le plus dangereux et nous pouvions en remercier le ciel, car des typhons semblables engloutissent plus d'un bâtiment de haut bord.

L'*Entreprenante,* remise de cette secousse, continua son voyage sans nouvel incident, et elle arriva bonne première des flottes alliées, en juin 1860, devant l'embouchure du Yang-tsé-kyang. Ici, nouvelle difficulté. Il s'agit d'entrer dans ce fleuve où nul *barbare* n'a encore pénétré. C'est Guzman qui a réussi au Cap, c'est encore Guzman qui est envoyé à la découverte d'un pilote. On est à trois milles de la côte, la mer est grosse; peu importe. Guzman monte dans un canot, et après un nombre incalculable de secousses où l'embarcation semble devoir être constamment chavirée, on finit par atterrir. La difficulté commence pour notre Christophe Colomb à la recherche du pilote désiré. On sait que le long des côtes fréquentées par la marine, la force des choses a créé une espèce de langue universelle, bien autrement pratique que le volapück, et que nous nommons *sabir*. Guzman finit par mettre la main sur un Chinois parlant un *sabir* anglo-chinois et connaissant le fleuve d'une manière suffisante. Grâce à son intelligence et à sa merveilleuse aptitude de polyglotte, notre jeune lieutenant d'artillerie se met vite à hauteur du langage de l'indigène et s'en fait comprendre. Aussitôt on se rembarque, et Guzman rentre à bord de l'*Entreprenante,* ramenant sa trouvaille. Il lui faut alors servir d'interprète. Le soir était arrivé, le commandant ne veut pas perdre de temps, et Guzman passe la nuit sur la passerelle, occupé à traduire au commandant de l'*Entreprenante* le sabir du pilote improvisé. Au jour, on était dans l'un des bras du delta du fleuve, et l'on s'y engagea à pleines voiles.

Il est peut-être bon de rappeler en passant que le Yang-tsé-kyang, fleuve Bleu pour les Européens, est le plus grand fleuve de Chine, et le troisième du monde entier ; il est navigable sur un parcours de deux mille huit cents kilomètres. C'est sur les bords de ce fleuve que tend à se porter tout le commerce du Céleste Empire, et c'est sur l'une des branches du delta qu'est située la ville de *Changaï,* aujourd'hui centre principal du commerce avec la Chine. C'est à Changaï que furent débarqués les troupes et l'état-major de l'artillerie que transportait l'*Entreprenante.*

Dès le début, Guzman va être mis en situation de faire preuve d'une autre de ses qualités, celle d'écuyer. Dans un voyage pareil à celui que faisaient les armées alliées pour aller d'Europe en Chine, on avait assez naturellement embarqué peu ou point de chevaux ; l'artillerie manquait donc d'attelages. Ne trouvant pas de ressources sur place, on fit venir des chevaux du Japon ; ces animaux, petits et d'une vivacité extraordinaire, semblaient

endiablés. Guzman fut nommé écuyer en chef
et chargé du dressage de ces indisciplinés ; il
y réussit à merveille. Lorsque l'armée se mit
en marche, notre artillerie fit donc bonne
figure.

Nous n'avons pas à raconter cette épopée,
dont on peut facilement se procurer le récit.
La seule chose qui nous occupe est de retracer
la vie de Guzman et les services qu'il rendit
en Chine. Nous n'avons pas besoin de parler
des privations de toute sorte qu'il subit ; l'armée
entière les éprouva, à tel point que le général
en chef dut un jour venir demander à l'artillerie si l'on n'avait pas quelque chose à lui
donner à manger.

Par la force même des choses et les services rendus, Guzman se trouvait être l'interprète anglais et chinois du service de l'artillerie. Par suite, lors de la prise des forts, ce
fut lui qui eut la mission de s'entendre avec
les Anglais pour la remise de l'armement et
des munitions pris à l'ennemi. Le hasard seul
le préserva de faire partie de la petite troupe
victime de la trahison de Tong-chou ; mais il

faisait partie de la petite colonne qui, sous la conduite du général de Montauban, marcha résolûment sur Pékin. On sait encore que les feux rapides de l'artillerie à courte distance effrayèrent les Tartares, chevaux et cavaliers, au point que ceux-ci reculèrent devant la poignée de nos braves, et que la route de Pékin nous fut ouverte.

On se souvient que la destruction du Palais d'été fut faite sous l'impression produite par le martyre du colonel Grandchamp et de ses compagnons.

Depuis cette époque, la vérité a fait justice de toutes ces légendes, si faciles à se former, de fortunes immenses rapportées du pillage. On détruisit beaucoup plus qu'on ne prit; mais il est aussi difficile à l'armée qu'au village d'empêcher les potins; il est même des phrases qui se répercutent périodiquement à chaque situation analogue. Ainsi, en 1859, à la bataille de Solferino, le général Desvaux fournit, avec les quatre régiments de chasseurs d'Afrique, une brillante charge, qu'il demanda ou ne demanda pas de voir soutenir par l'autre division de cavalerie. La légende décida immédiatement que l'autre divisionnaire avait répondu : « Si Desvaux est dans la ....., qu'il y reste. » A la bataille de Forbach, même situation et même réponse. A une demande d'aide faite par le général Frossard, un autre divisionnaire aurait répondu la phrase sacramentelle : « Si le maître d'école est dans, etc. » Or, cette fois, ce qui est plus fort, c'est que nous avons été interrogé par le rapporteur du conseil de guerre de Trianon, parce qu'on prétendait que c'était à nous que le propos avait été tenu. Or, nous n'avons jamais de la vie adressé la parole au général à l'actif duquel on mettait la réponse.

Il en est du pillage du Palais d'été comme des exclamations que nous venons de citer. La destruction, excitée par la colère qu'avait fait éclater la découverte des vêtements des victimes du guet-apens de Tung-chao, s'étant arrêtée, on rassembla de toutes parts ce qui avait résisté à l'incendie, et on le vendit aux enchères. Le prix en fut réparti, conformé-

ment aux prescriptions réglementaires, dans
le corps expéditionnaire. Guzman reçut pour
sa part la somme de sept cents francs ; il joignit à cette somme toutes ses économies de
la campagne, et, à son retour, au passage à
Canton, il se forma un véritable musée japo-
nais, qu'il conserva avec le plus grand soin
pendant toute sa vie, et qu'après sa mort sa
mère a distribué entre les amis de ce fils
adoré, conformément à ses dernières volontés.

Un chef d'escadron d'artillerie du corps
expéditionnaire étant décédé, la vacance
donna lieu à un mouvement d'avancement,
dans lequel Guzman fut promu capitaine, à
titre provisoire, par le commandant en chef
des forces de terre et de mer, à la date du
16 août 1860. Cette nomination fut confirmée
par décret du 6 novembre 1860, mais pour
prendre rang de la date de la nomination
provisoire. Il est à remarquer que cette promotion fit perdre à Guzman un jour d'ancienneté, car s'il eût été en France, il eût été
nommé capitaine avec ses camarades d'École

le 15 août. Sa nomination au grade de capitaine ne peut donc pas être comptée comme récompense de ses services.

Par décret du 19 février 1861, il fut nommé chevalier de la Légion d'honneur.

CHAPITRE III

L'existence menée par Guzman, depuis sa
sortie de l'École de Metz, avait fortement
ébranlé sa santé. Passant sans transition du climat de la Lorraine et de la tension d'esprit de
l'École au climat de Rome et à des travaux
d'un autre genre, auxquels il s'adonnait avec
l'ardeur que nous lui connaissons, il était une
proie toute désignée pour la *mal'aria;* il
gagna donc une fièvre intermittente, à son
séjour dans les États pontificaux. En Chine
ce fut bien autre chose; à ces fièvres qui re-
parurent se joignit une diarrhée persévérante,
et il fallut que l'autorité choisît : ou renvoyer
au plus vite notre jeune capitaine en France,
ou en faire le sacrifice au climat meurtrier que
subissait le corps expéditionnaire de Chine.

Il fut embarqué pour la France en juin 1861 et dirigé sur Toulon par la voie de l'isthme de Suez. Il débarqua à Toulon vers la fin de juillet, et les certificats de visite et de contre-visite portent qu'il est atteint de « débilité générale de l'économie, consécutive à une fièvre intermittente et diarrhée chronique, contractées en Italie et aggravées par un long séjour en Chine ».

Un congé de convalescence de six mois fut accordé au capitaine Guzman, et, comme on le pense bien, il se rendit directement à Versailles, auprès de sa mère, dont les soins allaient de nouveau le rattacher à l'existence. Il ne fallait pas songer à retourner en Chine ; d'ailleurs l'expédition était terminée, en tant qu'opérations militaires. Le ministre ne laissa même pas le temps à Guzman de désigner une position à sa convenance ; à la date du 28 août 1861, étant à peine en congé de convalescence depuis un mois, il est nommé adjoint à la manufacture d'armes de Châtellerault, avec ordre de rejoindre ce poste à l'expiration de son congé.

A Châtellerault, en 1862, il passe la première inspection générale. Le général Ma-
zure, inspecteur général, apprécie tellement
le jeune officier, qu'il le propose immédiatement pour la garde impériale et avec des
notes telles, qu'au lieu du long stage que faisaient ordinairement les officiers devant la
porte d'entrée de ce corps privilégié, Guzman
y fut nommé par décision du 24 janvier 1863.
Sa douceur, sa modestie, son travail continu,
joints à sa connaissance profonde de plusieurs
langues, le mirent bientôt en relief; il parta-
geait son temps entre le service au régiment
d'artillerie à cheval de la garde, où il fut placé,
et le Comité d'artillerie, où il fit, sans discon-
tinuer, des traductions de documents anglais
et allemands. Ce travail très-pénible lui fatigua
beaucoup la vue, mais aucune considération
ne pouvait l'arrêter, tant qu'il y avait un service à rendre. C'est à cette situation qu'il dut
d'être désigné pour faire partie de la mission
qui fut envoyée en Amérique, suivre, dans
l'armée du Nord, les opérations de la guerre
de sécession. La désignation de cette com-

mission fut faite dans des circonstances qui doivent être relatées, pour constater comment tout se faisait alors. Est-ce bien changé aujourd'hui? En tout cas, l'exemple vient de loin, puisque Beaumarchais a eu soin de nous le faire connaître.

Dès qu'il fut décidé que le gouvernement français enverrait une mission aux États-Unis, le ministre de la guerre s'occupa d'abord d'en désigner le chef, laissant à celui-ci le soin de se chercher un adjoint, car la mission ne devait être composée que de deux officiers d'artillerie. Le choix du ministre se porta sur un des capitaines de l'état-major de l'artillerie de la garde, aujourd'hui général de division. Mais le ministre, alors le maréchal Randon, ne faisait pas comme il voulait, et la désignation de cette mission est typique.

Le capitaine X..., un des plus anciens de la garde, était réservé, boutonné, et surtout silencieux. Un samedi matin, il rencontre Guzman, dans la rue, à Versailles; X... arrête son jeune camarade et, d'un air plus mystérieux encore que d'habitude, lui dit :

— Mon cher Guzman, voulez-vous aller en Amérique?

— Mais, j'en serais enchanté.

— Eh bien, n'en soufflez pas un mot; il est probable que je vais y être envoyé en mission, et je vous demande comme adjoint; faites seulement vos préparatifs.

Le lendemain, dimanche, le capitaine Guzman, se trouvant en soirée, entendit, dans un groupe de dames, parler du départ imminent du colonel de Chanal pour l'Amérique : « C'est vrai, dit la maîtresse de la maison, il l'a demandé ce matin à l'Empereur, à la messe, et il l'a obtenu! » C'était la première fois que Guzman était en situation de constater l'effet des faveurs que l'Empereur accordait, pardessus la tête du ministre de la guerre, à ceux qui savaient le prendre. Intrigué au plus haut point, Guzman s'approche de la maîtresse de la maison et lui dit ce qu'il sait, depuis la veille, de cette mission en Amérique.

— Comment? vous voulez y aller? lui dit

cette dame. Rien de plus facile ; je vous ferai savoir demain comment.

Le lendemain, Guzman reçoit un billet lui donnant rendez-vous pour le mardi chez une autre dame, à laquelle on le présentera et qui se charge de le faire agréer par le colonel. Exact au rendez-vous, Guzman est présenté ; on l'engage à attendre l'arrivée du colonel, qui ne peut tarder à venir. En effet, le colonel arrive, et la présentation de son futur adjoint se fait immédiatement dans les termes suivants :

— Colonel, voici votre adjoint.

Le colonel salue, tend la main à Guzman et lui dit : « Enchanté ! »

Ce fut tout.

Avant son départ, Guzman alla faire une visite de remercîment à la personne qui l'avait si gracieusement désigné comme adjoint à son nouveau chef. Cette dame parla au jeune capitaine du chef de la mission, et elle termina par ces mots : « Vous reviendrez brouillé avec lui, ou marié. » La prophétie ne s'accomplit pas ; Guzman revint garçon, et nullement brouillé avec son chef.

La mission chargée par le gouvernement
français de suivre la guerre d'Amérique s'em-
barqua à Liverpool sur le paquebot anglais
le *Persia,* le 7 mai 1864, et arriva à New-
York le 18, à quatre heures du soir.

Le gouvernement avait bien décidé l'envoi
d'une mission militaire en Amérique, pour
suivre la fin des opérations de la guerre
de sécession ; mais, tout naturellement, et
comme tous les gouvernements passés, présents et futurs, il s'était empressé de négliger
de s'assurer du consentement du gouvernement des États-Unis. Aussi, quelle odyssée
va accomplir notre mission avant d'obtenir
l'autorisation de se rendre à l'armée ! Une
grande semaine s'écoule à la recherche du
consul général, de l'amiral français, de plusieurs autres personnages, et l'on ne trouve
personne. On rencontre les généraux américains, on reçoit partout de bonnes paroles,
mais tout le monde se dérobe dès qu'il s'agit
de l'autorisation de se rendre à l'armée. Au
milieu de toutes ces courses, Guzman prend
de nombreuses notes sur tout ce qui lui est

dit ; il corrobore les unes par les autres, et il finit par se faire une somme de documents fort importants.

La première visite de la mission est pour l'arsenal de New-York et l'usine où se fabriquent les cartouches à poudre comprimée. Le premier rapport envoyé par Guzman à la direction de l'artillerie est relatif à la fabrication de cette dernière poudre. Il faut cependant sortir de cette situation, et il n'y a pas d'autre moyen que de se rendre à la Présidence des États-Unis. Le 28 mai, la mission se rend à Philadelphie, où elle passe la journée du dimanche 29 ; le 30, elle visite l'hôpital de Chemut-Hill, et le 31, à quatre heures du matin, elle part pour Washington.

Il eût été trop étonnant qu'un fonctionnaire français fût à son poste, ou que l'emploi fût occupé par un titulaire, dans un moment où les circonstances étaient graves. La mission trouve un chargé d'affaires intérimaire, qui lui fait une réception assez fraîche, et lui annonce qu'elle ne pourra pas aller à l'armée. Depuis son arrivée en Amérique, la mission s'attendait un peu à ce résultat, d'après la nuance des réceptions qui lui avaient été faites partout. Du reste, ce n'étaient pas seulement les autorités américaines qui paraissaient se soucier fort peu de voir nos officiers arriver à l'armée; il en était de même de tous nos nationaux ayant une attache officielle quelconque, et à qui il semblait que les deux officiers vinssent arracher quelques plumes de leurs ailes. Du reste, la réception était fort polie partout; le ministre de la guerre à Washington invita la mission à dîner; mais quant à l'autorisation d'aller à l'armée, elle allait toujours en s'éloignant.

Le chargé d'affaires de France et le ministre de la guerre, M. Seward, présentent la mission au président des États-Unis. Le président reçoit fort bien nos officiers, leur offre gracieusement ses bons offices; mais il ne peut faire plus pour eux, parce qu'il s'est fait une loi de ne jamais faire obstacle aux exigences des autorités militaires. Du reste, on a demandé au général Grant son agrément pour l'autorisation de laisser la mission française aller à l'armée. On conçoit combien de pareilles négociations rendaient précieuse la connaissance qu'avait Guzman de la langue anglaise.

Tout ce temps perdu pour le but de la mission ne l'était pas pour Guzman, qui en profita pour terminer et expédier son mémoire relatif aux poudres comprimées, visiter divers établissements militaires et se mettre au courant du fonctionnement des différents services à l'armée. Pour tout ce qui concerne le service médical, la mission trouve les plus grandes facilités pour tout examiner; elle visite les hôpitaux de Lincoln et Emory, et le Dépôt général de Washington. Quant aux arsenaux, on arrive toujours à une heure qui n'est pas favorable.

Enfin, le 10 juin, on communique aux deux officiers français la réponse du général Grant, arrivée la veille; c'est une fin de non-recevoir, au moins temporaire. Le général fait connaître que la présence des officiers français à l'armée n'est pas opportune en ce moment : *Should be inconvenient at this time*. Comme compensation à ce refus, les officiers français sont admis à visiter l'arsenal dans tous ses détails, ainsi que les forts autour de la ville. La mission, tout en occupant son temps utilement à toutes ces visites, continue ses démarches pour obtenir l'autorisation d'aller à l'armée.

Le vent a changé chez les autorités militaires américaines, et, le 19 juin, la mission française est informée qu'elle peut se rendre à l'armée. Elle part de Washington le 21 sur la *Charlotte Vanderbilt;* en route, on visite la forteresse Monroë, et l'on arrive le 22 au soir à City-Point. Conduits immédiatement au grand quartier général, les deux officiers français sont invités à vivre à la table du général Grant. Un officier américain est mis à leur disposition. et, pendant les jours qui suivent leur arrivée, ils visitent les positions de l'armée et ils restent définitivement à l'état-major du général Meade. Le 9 juillet, un nouveau rapport est envoyé au ministre de la guerre, à Paris.

Nous n'avons plus à marcher pas à pas avec

la mission ; nous la laisserons suivre les opérations militaires, et étudier sur place l'organisation de l'armée de l'Union et l'emploi des ressources immenses mises par la nation à la disposition de l'autorité militaire. Les mois de juillet, août et septembre sont employés ainsi. Les trois derniers mois de l'année 1864 sont utilisés en voyages constants pour aller visiter les établissements militaires de toute nature dans tous les États de l'Union. En janvier 1865, la mission rentra en France. Nous voici arrivé au point saillant de cette mission, c'est-à-dire à son résultat.

Pendant la durée de la mission, six mémoires spéciaux avaient été établis par Guzman et envoyés au ministre :

Le premier, sur la fabrication de la poudre comprimée ;

Le deuxième, sur la fabrication des balles par compression ;

Le troisième, sur la fabrication des affûts en tôle de fer ;

Le quatrième, sur la description de la fonderie de Fort-Pitt ;

Le cinquième, sur la description de la fonderie de Colspring;

Et le sixième, sur les bois d'Amérique et
les machines employées à les travailler.

Mais, *finis coronat opus,* il fallait un grand
rapport d'ensemble, et il fut remis au ministre.
Quelle est la part qui revient à Guzman dans
tous ces travaux? C'est ce que nous allons
rechercher.

Deux ouvrages ayant pour pivot la mission de 1864 ont été publiés à six ans de distance l'un de l'autre. Le dernier en date est
de 1872, et a pour auteur le général de Chanal, qui s'exprime ainsi dans son avant-propos :

« Le gouvernement français m'envoya, au
mois de mars 1864, en Amérique, pour y
suivre les opérations de la guerre de sécession. *J'avais pour adjoint M. le capitaine
d'artillerie Guzman, dont le dévouement et
l'intelligence rendirent facile ma mission.* »
C'est là tout ce que le chef d'une mission,
composée seulement de deux personnes, trouve
à dire de son adjoint, lorsque la mission a été

souvent obligée de se diviser pour étudier les choses militaires en même temps sur des points différents, et qui, lorsque la mission est réunie, se charge tout naturellement de la partie amabilité et relations, et délègue à son adjoint la partie travail et études.

Continuons l'avant-propos du général de Chanal.

« Je revins en janvier 1865 et je remis à M. le maréchal Randon un mémoire contenant les réponses aux nombreuses questions du programme qui m'avait été tracé. Ce mémoire se divisait en quatre parties :

« 1ᵉ Causes et issue probable de la guerre ;

« 2ᵉ Armée américaine ;

« 3ᵉ Description des armes et du matériel de guerre en usage dans l'armée américaine ;

« 4ᵉ Construction et fabrication des armes et du matériel de guerre. Arsenaux et établissements de l'industrie privée.

« Mon excellent ami Vigo-Roussillon, alors professeur d'administration militaire à l'École d'état-major, en obtint la communication dans les bureaux de la guerre et voulut bien en composer un livre que le public, à cette époque, accueillit assez favorablement. »

Passons au livre de l'excellent ami. En 1866, M. Vigo-Roussillon, sous-intendant militaire, a publié un volume ayant pour titre : *Puissance militaire des États-Unis d'Amérique d'après la guerre de sécession.* L'auteur cite-t-il le mémoire de son ami? Non. Voici tout ce qu'il dit, dans sa préface, des sources où il a puisé :

« Pendant la durée de la guerre, grâce à la facilité et à la rapidité des communications, à l'active publicité en usage en Amérique, beaucoup de documents nous sont successivement parvenus. *Quelques officiers français, envoyés en mission sur les lieux, ont présenté des rapports.* » Et en terminant : « Il m'a semblé utile de réunir, dans des notes placées à la fin du volume, quelques extraits des documents officiels dont je me suis servi, destinés à donner une idée plus complète des immenses ressources qu'un gouvernement prévoyant avait préparées pour les armées du Nord. »

Donc, de l'excellent ami pas un mot. Et de son adjoint ? Ah ! son adjoint, il serait dur de ne pas le nommer, lorsqu'on est allé si souvent le consulter chez lui, rue du Plessis, nº 51, à Versailles, où il était retenu par une entorse. Aussi trouve-t-on à la fin du volume, dans les notes justificatives, au sujet du « Résumé du rapport adressé à la fin de 1865 par le secrétaire d'État de la guerre au congrès des États-Unis », un renvoi où il est dit : « Nous devons ce document à l'obligeance de M. le capitaine d'artillerie de la garde Guzman. »

Voilà ! c'est tout ce qui est dit de Guzman par les deux auteurs qui ont publié un ouvrage basé sur ses travaux ! Franchement, puisque nous faisons sa biographie, que nous étudions ses travaux, nous avons bien le droit de rechercher la part qui lui revient réellement dans la mission en Amérique. La minute, ou, si l'on aime mieux, le brouillon du mémoire est dans les papiers de Guzman, et il est tout entier de sa main, corps, ratures, corrections. C'est à lui que l'opinion de l'armée et le ministre lui-même l'attribuèrent en réalité. Le

général de Fénelon, gendre du maréchal Randon, l'a dit plusieurs fois à la mère de Guzman. Du reste, lorsque le ministre de la guerre
avait besoin d'un renseignement quelconque
sur la guerre d'Amérique, à qui s'adressait-il ?
Était-ce au chef de la mission ? Non. Était-ce
à M. Vigo-Roussillon ? Non. Il s'adressait à
Guzman ; nous allons en donner la preuve
tout à l'heure.

Le mémoire dont nous parlons est divisé
en chapitres, dont voici les sujets :

I. Notes sommaires sur les causes de la
guerre de sécession.

II. Division des États entre les partis.

III. Caractère des armées fédérales.

IV. Esprit des opérations militaires.

V. Ressources matérielles du pays.

VI. Rapport du chef de génie de l'armée
de Shennan.

VII. Analyse des grands mouvements de la
campagne de 1864.

VIII. Ordinaire et habillement des troupes.

Ce mémoire, ainsi que les six que nous avons
déjà indiqués ci-dessus, page 44, forment un

ensemble complet sur la partie militaire. Il faut y ajouter de nombreux rapports sur la partie administrative, le service de santé, les ambulances, etc., etc. Le mémoire final et tous ceux qui concernaient la partie technique furent déposés au Comité de l'artillerie, à Saint-Thomas d'Aquin, où ils firent sensation.

Nous avons dit que le ministre de la guerre s'adressait à Guzman, chaque fois qu'il avait besoin d'un renseignement. Nous avons trouvé, en effet, dans les papiers de notre regretté camarade, de nombreuses lettres, d'une écriture qui nous est bien connue, celle du colonel Colson, avec qui nous avons commencé nous-même notre carrière militaire, et qui était alors chef du cabinet du maréchal Randon, ministre de la guerre.

A la fin de 1865, le général américain Schofield vint en France; ce ne fut pas le chef de l'ancienne mission américaine qui lui fut attaché pour l'accompagner, ce fut Guzman, à qui cet honneur fut dévolu, et nous trouvons, toujours de la main du colonel Colson, la note suivante :

« Prière au capitaine Guzman de se renseigner auprès du général Schoffield sur la marche de Shermann.

« Ce que veut le ministre, c'est savoir les moyens mis en œuvre pour mobiliser la seule armée américaine qui ait réellement fait mouvement; par conséquent, connaître son matériel roulant, ses *impedimenta* de toute nature, car, ni du côté du nord, ni du côté du sud, les armées américaines n'ont pu s'éloigner, faute de moyens de transport, de leurs bases respectives d'opérations. Shermann a fait exception. »

Lorsque la mission est rentrée en France depuis plus d'un an, c'est toujours à Guzman que le ministre s'adresse. Voici des lettres :

« Paris, le 21 janvier 1866.

« MON CHER CAMARADE,

« M. le ministre des affaires étrangères vient d'adresser à M. le maréchal, ministre de la guerre, et j'ai l'honneur de vous transmettre, par ordre de Son Excellence, le texte du rapport annuel du ministre de la guerre des États-Unis, ainsi que du rapport du général Grant sur les opérations militaires qui ont amené la fin de la guerre civile.

« Le ministre désire que vous preniez connaissance de ces documents, et que, dans une note succincte, vous en fassiez ressortir les points les plus intéressants.

« Recevez, mon cher camarade, l'assurance de ma considération la plus distinguée.

« *Le colonel, chef du cabinet,*

« E. COLSON. »

Quatre jours après, le capitaine Guzman répondit :

« Paris le 25 janvier 1866.

« MON COLONEL,

« Les documents que vous m'avez fait l'honneur de m'adresser contiennent les pièces suivantes :

« N° 1. — Message du président A. Johnson.

« N° 2. — Rapport annuel du secrétaire

d'État de la guerre, comprenant les rapports partiels résumés des divers chefs de service du département de la guerre.

« N° 3. — Rapport du lieutenant général Grant.

« N° 4. — Rapport du secrétaire d'État de la marine.

« N° 5. — Rapport du secrétaire d'État de l'intérieur.

« N°. 6. — Rapport du directeur général des postes.

« J'ai cru devoir particulièrement m'occuper des pièces comprises sous le n° 2, et j'ai l'honneur de vous en soumettre un résumé. Le rapport n° 3 du lieutenant général Grant offre un grand intérêt ; j'en avais déjà pris connaissance avant de rendre compte à S. Exc. M. le maréchal, ministre de la guerre, des mouvements généraux des armées américaines, de leur manière d'opérer et de leurs modes d'approvisionnement et de transport.

« Je suis, etc. »

Le résumé des pièces n° 2, dont parle ici

Guzman, est celui qui se trouve dans le livre de M. le sous-intendant militaire Vigo-Roussillon, et dont nous avons parlé ci-dessus, p. 48.

Citons encore la lettre suivante :

« Paris, le 25 avril 1866.

« MON CHER CAPITAINE,

« M. le maréchal me charge de vous envoyer le nouveau rapport ci-joint, qu'il vient de recevoir de notre ministre à Washington ; Son Excellence désire que vous en preniez connaissance et que vous veniez lui en rendre compte, un de ces jours, vers midi, au ministère.

« Recevez, mon cher capitaine, l'assurance de mes sentiments affectueux et dévoués.

« *Le colonel, chef du cabinet,*

« E. COLSON. »

Arrêtons ici toutes ces citations ; nous pensons qu'elles sont amplement suffisantes pour fixer les idées.

Tous ces travaux avaient formé la conviction des autorités militaires sur la valeur de

Guzman. En 1867, il fallait faire fabriquer vite le fusil modèle 1866, connu sous le nom de Chassepot. L'Amérique possédait encore l'outillage créé pour les besoins de la guerre de sécession ; on s'adressa d'abord à elle, et Guzman fut encore envoyé en Amérique surveiller la fabrication de notre armement avec le commandant de Maintenant. Il partit pour cette nouvelle mission le 11 mai 1867. Il était aux États-Unis, lorsqu'il reçut l'ordre de se rendre de là, et pour la même fabrication, en Angleterre et en Belgique, toujours comme vice-président de la commission de réception, présidée par le commandant devenu le lieutenant-colonel de Maintenant. Cette mission dura jusqu'en décembre 1867, et c'est en Belgique, à Liége, en novembre 1867, que Guzman reçut sa nomination d'officier d'ordonnance de l'Empereur. Nous prions le lecteur de retenir l'importance de cette mission en Amérique, en Angleterre et en Belgique, qui dura huit mois. Nous aurons à y revenir.

CHAPITRE IV

LA COUR. — 1870.

Les brillantes qualités du jeune capitaine,
ses nombreux et importants travaux avaient
attiré l'attention sur lui dans toutes les hautes
régions militaires. Déjà, en 1866, le maréchal
Niel le proposa pour les fonctions d'attaché militaire à Berlin; mais soit à cause du
grade, soit pour tout autre motif, l'Empereur
désigna le colonel Stoffel. L'année suivante,
en 1867, l'Empereur et le ministre de la
guerre, maréchal Niel, avaient besoin d'un
officier d'ordonnance de l'arme de l'artillerie.
Des deux côtés, le choix se porta sur le capitaine Guzman, qui, naturellement, opta pour
la position auprès du souverain.

On a prétendu que le choix dont Guzman
était l'objet était motivé sur ce qu'il portait

le même nom que l'Impératrice. C'est absolument inexact, et d'abord l'homonymie et la parenté sont choses fort différentes; il n'y a donc à tirer de la première aucune conséquence pour ou contre la seconde. Déjà, à Rome, à une audience que Guzman et sa mère avaient obtenue de Pie IX, le Pape, en voyant ce nom, leur demanda s'ils étaient de la famille de saint Dominique : « Oh ! Très-Saint Père, répondit madame Guzman, tous les Guzman de la terre le disent pour eux. — C'est vrai, dit en riant le Souverain Pontife, vous seriez les premiers à ne pas le dire. »

Ce fut donc à son mérite seul que le capitaine Guzman dut d'être nommé officier d'ordonnance de l'Empereur, et tous ceux qui l'ont connu peuvent attester que jamais il ne laissa échapper un mot qui pût faire supposer qu'il eût envie de se targuer de cette parenté, et que jamais il ne chercha à user en sa faveur de la bienveillance impériale. Il était très-attaché à ses souverains, c'est incontestable; il leur garda hautement, dans leur chute, une reconnaissante fidélité, et ne chercha jamais à dissimuler les marques de son dévouement. Mais il sortit des Tuileries sans en avoir retiré ni un grade, ni une décoration, ni un centime.

Nous sommes maintenant dans une période brillante pour le jeune capitaine. Son savoir et sa modestie sont très-appréciés du souverain, qui le fait souvent appeler pour traiter avec lui des questions techniques. Avant d'arriver aux événements de 1870, nous devons relater un incident qui dépeint d'une manière bien typique le sans gêne avec lequel, à cette époque, agissait l'administration supérieure de l'armée.

Guzman, ayant besoin de ses états de service, s'aperçoit que ses diverses missions n'y figurent pas. Immédiatement il forme une demande dans le but d'obtenir l'inscription de ces diverses missions sur ses états de service. Deux mois après, il reçoit la lettre suivante :

« Palais de Saint-Cloud, le 3 juillet 1870.

« Mon cher capitaine,

« Le 13 mai dernier, selon le désir que vous m'avez exprimé, j'ai transmis à M. le ministre de la guerre la demande que vous avez formée dans le but d'obtenir la rectification de vos états de service.

« Son Excellence, par dépêche du 29 juin dernier, me fait connaître qu'après examen de votre demande, elle a décidé que la mission que vous avez remplie aux États-Unis, pour suivre les opérations militaires dans l'Amérique du Nord, serait inscrite à votre matricule.

« Quant à celle que vous avez accomplie dans le même pays en 1867, comme membre d'une commission chargée de l'achat d'armes destinées au Gouvernement français, elle paraît, au dire de Son Excellence, rentrer dans la catégorie des services qui ne sont pas inscrits à la matricule, et qui restent seulement constatés au ministère de la guerre par les pièces déposées à votre dossier avec les ordres, lettres d'avis, etc., etc., se rapportant à ces missions.

« Son Excellence me fait, en conséquence, le renvoi :

« 1° Du relevé de vos services militaires, qui vous a été délivré par le régiment d'artillerie monté de la garde ;

« 2° De l'extrait de la matricule vous concernant ; cette dernière pièce porte mention de la mission que vous avez remplie.

« Recevez, mon cher capitaine, l'assurance de mes sentiments affectueux.

« *L'adjudant général du palais,*

« A. DE COURSON. »

L'expression qu'emploie le général de Courson, ancien officier d'état-major, *elle paraît, au dire de Son Excellence,* prouve que l'adjudant général du palais trouvait la plaisanterie un peu forte. En effet, il était difficile qu'on ignorât, au ministère, qui avait envoyé Guzman en Amérique ; voici la copie de l'ordre qu'il avait reçu :

« Paris, le 6 mai 1867.

« Capitaine,

« Je vous préviens que, par décision de ce jour, je vous ai désigné pour vous rendre en mission aux États-Unis avec M. le commandant de Maintenant, dont vous aurez à prendre les ordres avant le départ.

« Votre départ aura lieu par le paquebot qui quittera Brest le 11 de ce mois.

« Vous continuerez à jouir, pendant votre mission, de la solde de votre grade, et vous aurez droit à une indemnité journalière de 30 francs, pour chaque jour de station aux États-Unis.

« Les frais de route et de transport seront réglés à votre retour sur un état certifié par M. le commandant de Maintenant.

« La direction d'artillerie est invitée à vous faire payer, à titre d'avance, une somme de quatre mille francs.

« *Pour le ministre,* etc. »

Si l'on avait oublié cet ordre à la direction

de l'artillerie, on n'avait pas oublié la mission ; car, pour un trop perçu de 95 centimes, le capitaine Guzman, alors officier d'ordonnance de l'Empereur, reçoit la lettre suivante :

« Paris. le 28 janvier 1868.

« Je vous invite, capitaine, à me faire parvenir dans le plus bref délai possible l'état constatant que, en novembre dernier, un payement de 192 francs 55 vous a été fait, au compte du département de la guerre, par M. Chapey, vice-consul de France à Liége, et qui vous a été renvoyé par cet agent pour être certifié et quittancé à ladite somme, au lieu de 191 francs 60 que ledit état portait primitivement.

« Ce document m'est indispensable pour procéder au remboursement de l'avance faite en cette circonstance par M. Chapey.

« *Pour le ministre,* etc. »

Comme on le voit, les formes n'étaient pas mielleuses à la direction de l'artillerie. Mais le plus renversant est qu'une permission de trente jours accordée à un officier figure sur ses états de service, et qu'une absence de huit mois, en mission à l'étranger, pour achat d'armes, par ordre ministériel, n'y figure pas !

Nous passerons sur la période du séjour de Guzman à la cour, comme officier d'ordonnance de l'Empereur. Nous l'avons, du reste, déjà dit, ce fut une alternative continue de fêtes et de travail, surtout de travail; car la confiance du souverain lui faisait toujours obtenir un tour de faveur, à cet égard.

Nous arrivons aux événements de 1870. Lorsque l'Empereur prépara son départ pour l'armée, tous les officiers de sa maison militaire demandèrent tout naturellement à le suivre; il fallait cependant bien que quelqu'un restât auprès de l'Impératrice. La souveraine s'adresse à Guzman, qui fait sentir fort respectueusement qu'il préfère aller au danger, c'est-à-dire au devoir. « Comment ! s'écria l'Impératrice, pas même celui qui porte mon nom ne veut rester auprès de moi ! » L'Empereur décida que Guzman resterait à Saint-Cloud, mais qu'au bout de quinze jours il irait à l'armée et serait remplacé auprès de l'Impératrice par un autre officier de la maison militaire.

Les choses se passèrent ainsi, et, le 13 août, Guzman partit pour Metz ; mais dans ces quinze jours, que d'événements et que d'émotions ! Le réveil brusque sortant subitement l'homme du sommeil, pour le placer en présence d'un danger ou d'une situation grave, a toujours été une préoccupation de sa pensée. On voit qu'allant en avant, il pense aussi à ce que pourra bien être le grand réveil de la vie ! Plus tard, lorsqu'il jette sur des feuilles volantes les souvenirs des événements qui l'ont frappé, on devine cette pensée, précisément par la nature de ces souvenirs. Il transcrit ainsi un réveil subit pendant son séjour à Saint-Cloud :

« Enfin, les palais ne mettent pas à l'abri des réveils terribles, et l'on y passe des nuits comparables à celle du marin dans la tempête. A Saint-Cloud, dans la nuit du 1ᵉʳ au 2 août, je venais de quitter le salon ; je m'étais endormi plein des paroles d'espérance avec lesquelles je m'étais efforcé de calmer l'Impératrice, quand Conneau [1] vint à la hâte m'éveiller : « Levez-vous, Guzman, l'armée « est battue et en retraite sur Paris! »

« Quand je redescendis au salon, je trouvai l'Impératrice étendue sur le sol, au milieu de ses nièces et de ses demoiselles, dans une crise nerveuse qui ne lui ôtait pas le senti-ment de la situation, du naufrage qui com-mençait et où tout allait s'engloutir pour elle. Cette nuit fut bien pareille à celle de la mort de Madame, et un Bossuet ferait frémir en la racontant. »

Il pense souvent à la différence du sommeil et du réveil, du rêve et de la réalité, à la recherche de cet inconnu qui sera le grand réveil; recherche que nous faisons tous plus ou moins sans jamais nous demander pour-quoi nous la faisons, question qui contient peut-être la solution. Est-ce pur caprice que

[1] M. Conneau était lieutenant de vaisseau, officier d'or-donnance de l'Empereur: il était resté avec Guzman, pendant la première quinzaine, pour le service auprès de l'Impératrice.

le chemin étrange que fait parfois notre pensée? N'est-ce pas plutôt une communication inconsciente entre nous et les agents du monde moral ou intellectuel? Les pressentiments ne sont-ils pas le fruit de ces communications que nous avons comprises, ou qui sont restées pour nous lettre morte, n'ayant eu d'autre résultat que d'attirer notre pensée vers un sujet qui jouera un jour un grand rôle dans notre existence, ne fût-ce qu'en ce qu'il brisera l'instrument matériel qui peut seul traduire notre pensée immatérielle, le cerveau, et nous mettra dans cette situation inconsciente que nous nommons la folie?

Qui donc aujourd'hui croit que la terre soit la seule planète habitée? Qui donc croit que le soleil, la lune et les étoiles aient été créés pour charmer seulement les yeux des hommes? S'il y a dans l'univers matériel, c'est-à-dire dans les mondes, une loi si harmonieuse et si précise que chacun reste à sa place et poursuit ses destinées sans déranger les autres, pourquoi n'y aurait-il pas une loi aussi précise et aussi harmonieuse pour les relations du monde moral ou immatériel? Nous appartenons à la doctrine positiviste, mais nous ne comprenons pas cette doctrine comme ceux qui nient les faits qui les gênent, ou qui, prenant pour vérité indiscutable la manière dont ils voient ces faits, ne veulent plus démordre de la conséquence qu'ils en tirent. Nous ne nions rien, et nous cherchons l'explication de tout, ne trouvant d'autre infériorité que la nôtre propre lorsqu'un fait reste sans explication.

C'est dans l'explication qui échappe à nos sens que l'on fait résider ce qu'on appelle le surnaturel, et qui, hélas! ne doit être que du très-naturel, mais que nous ne comprenons pas. Qu'on interroge l'incrédule le plus enragé, qu'on parle devant lui d'un fait inexplicable, il aura tout de suite bien plus incroyable à vous raconter; il a vu ou il lui est arrivé bien plus fort, mais c'est égal, il ne croit à rien. Du moins il prétend qu'il ne croit à rien, mais, seul avec lui-même, il frémit, s'il aperçoit une araignée; il n'ira jamais risquer au jeu la plus petite somme sans avoir sur lui

son fétiche protecteur. Or, quelle est la différence entre le fétichisme et l'idolâtrie la
plus grossière de la peuplade la plus primi-
tive ? Qu'est la croyance populaire en la puissance de la corde de pendu, sinon de l'idolâtrie
pour cette corde? Donc, idolâtrie : croyance.

Et cette croyance en n'importe quoi n'est-
elle pas elle-même une communication inconsciente encore entre nous et le monde
invisible qui nous entoure? C'est sous l'impression de ces idées empoignantes que Guzman, rappelant plus tard ses souvenirs du
temps heureux, jette mélancoliquement sur le
papier les pensées suivantes, faisant précisément par là, sans s'en douter, acte de cette
relation intime que nous ne savons pas nous
définir. Il écrit ·

Tuileries.

« Dans les longues soirées d'hiver, passées
autour de la table à thé, l'Impératrice s'attar-
dait parfois jusqu'à plus d'une heure et demie
du matin. L'Empereur s'était retiré ; quelquefois, un ou deux courtisans s'étaient aussi

dérobés ; mais tous les fidèles du service d'honneur restaient généralement là, les uns intéressés par l'aimable causerie de la souveraine, les autres cachant leurs bâillements et faisant contre fortune bon cœur. Elle aimait surtout à parler voyages, à dire ses goûts, ses désirs à cet égard : un long voyage, sur un yacht, sous les tropiques, la rêverie pendant les nuits azurées et étoilées, voilà ce qui la charmait, ce qu'elle ne pouvait réaliser.....

« Dix ans après, ce vœu était rempli de tous points : elle voguait un grand mois sous les tropiques, dans le silence des nuits resplendissantes d'étoiles ; la perte de son trône lui avait rendu la liberté, et elle pouvait rêver au triste et sombre pèlerinage qu'elle accomplissait ! »

Et le prince Napoléon s'écriant fièrement à la tribune du Sénat que jamais on ne verra dans la famille Napoléon un dissentiment comme celui qui partage les légitimistes et les orléanistes.! et c'est son propre fils qui lève contre lui l'étendard de la révolte.

Voilà, certes, du pressentiment tel que nous l'avons défini.

Revenons à la biographie de Guzman. Nous entrons maintenant dans la période des épreuves cruelles, des souffrances de toute nature qui vont faire naître et développer le mal auquel il succombera, du long et douloureux Calvaire au bout duquel il entrera dans l'asile où, selon les uns, la douleur s'endort, ou bien il fera, selon d'autres, un réveil de la vie d'autant meilleur que ses épreuves ici-bas ont été plus dures, réveil qu'il aura mérité d'être doux et consolant.

Le 13 août 1870, Guzman partit de Paris pour aller à Metz reprendre son service auprès de l'Empereur; il n'arriva au quartier impérial que le 16, pendant la bataille de Rezonville, c'est-à-dire au moment même où l'Empereur se retirait sur Verdun, et où Bazaine allait s'arrêter et rétrograder sur Metz. Arrivons tout de suite à Sedan. Le 1er septembre, l'Empereur envoya au général Ducrot les deux capitaines Guzman et Lesergeant d'Hendecourt [1], ses officiers d'ordon-

[1] Lesergeant d'Hendecourt était de ma promotion de

nance. Le capitaine d'Hendecourt fut tué sur la place de Sedan, et le capitaine Guzman, qui put accomplir sa mission, fut à son retour gravement contusionné par un éclat d'obus.

Le 2 septembre, Guzman faisait partie du service de jour; il était donc dans les états-majors français et prussien qui se tenaient silencieux dans la serre de la villa Bellevue, pendant l'entrevue des deux souverains. Guzman avait, comme beaucoup de nous, l'habitude en campagne de tenir un journal dans lequel il relatait, au moment même où ils se produisaient, les événements qui se passaient sous ses yeux et la part qu'il y prenait. Le tableau qu'il fait du quartier impérial, s'il est instructif, n'est guère édifiant. Les individualités y brillent de tout leur éclat, et les caractères s'y montrent sans fard; l'Arabe a bien raison d'appeler les jours sombres, jours de la vérité!

Que de grands hommes qui étaient bien petits! Que de dévouements inébranlables

Saint-Cyr et, sans conteste, l'un des plus sympathiques à toute la promotion.

qui étaient déjà à l'état d'épaves dès le début
de la tempête ! Avant l'arrivée du roi de
Prusse, les états-majors attendirent ensemble
pendant deux grandes heures : on vit alors
des esprits légers, se prétendant sérieux à
Paris, ne pas pouvoir tenir leur langue et
parler encore à tort et à travers. Ceux qui,
avant la guerre, exprimaient tout haut le plus
profond dédain pour l'armée prussienne, n'a-
vaient pas alors d'expressions assez fortes
pour dire aux officiers prussiens combien
leurs soldats étaient beaux et vigoureux, et
les nôtres juste l'inverse. Ceux qui, au début,
s'égosillaient à crier : A Berlin ! épuisaient, à
ce moment, toutes les formules de l'empresse-
ment et de l'obséquiosité auprès de l'état-
major ennemi.

Que de tristesse chez Guzman, lorsqu'il se
rappelle toutes ces palinodies !

Aussitôt après l'entrevue des deux souverains, le colonel Tascher de la Pagerie,
qui faisait les fonctions d'adjudant général,
donna à chacun des officiers de la maison
militaire de l'Empereur une feuille à signer.

Cet acte était un engagement de ne pas servir contre l'Allemagne, pendant la durée de la guerre. Il fut dit, par qui? on ne le sait pas, mais on se répéta les uns aux autres que c'était une simple formalité, qui n'était même pas exigée de la maison civile, pour pouvoir suivre l'Empereur.

Nous allons nous étendre sur la signature de cet engagement, parce qu'on la reprochera plus tard à Guzman et que nous sommes passé nous-même par les mêmes péripéties ; encore, pour ce qui nous concerne, n'avons-nous pas été pris autant à l'improviste par les événements que l'armée de Sedan. Guzman eut, comme tous les autres, la tentation de s'échapper ; il y résista, parce qu'à ce moment il lui sembla qu'en agissant ainsi il désertait son poste. Il eut aussi une forte envie de refuser de signer tout engagement d'honneur, et de rompre ainsi en visière à la maison impériale ; mais il lui parut que, outre que c'était se poser en matamore, c'était aussi, chose beaucoup plus grave pour sa droiture, faire injure, au moment même de la chute, au souverain

qu'il avait servi dans sa puissance et qu'il aban-
donnerait dans l'adversité. D'ailleurs, nous
connaissons d'autres officiers qui étaient dans
la situation de Guzman et qui nous ont tous
affirmé que la signature du *revers* leur fut
demandée, non pas avec l'alternative de l'acceptation ou du refus, mais comme obligatoire.

Le revers fut donc signé par tous les officiers de l'état-major impérial.

Bien des opinions ont été émises depuis sur
la signature du revers, et la question, quoique
ayant fait répandre des flots d'encre, est
encore entière. Une chose certaine, c'est que
c'était la première fois que cet engagement
était proposé à des officiers français, qu'il
leur fut présenté inopinément, sans avertis-
sement préalable, et surtout qu'il leur fut présenté, non par l'ennemi, mais par l'adjudant
général du quartier impérial français, comme
conséquence inéluctable des conventions arrêtées par les deux souverains.

Ceci dit, purement et simplement pour
expliquer la situation d'esprit de ceux qui le
signèrent dans cette circonstance, en y joi-

gnant encore cette particularité que, témoins
du désastre, son étendue leur en parut encore
plus grande, et qu'ils crurent tous à l'impossibilité de continuer la guerre, et par suite à sa
fin imminente. Examinons d'abord le contrat
en lui-même; nous verrons ensuite si son existence est légalement vraie ou fausse. L'engagement que prend un officier vis-à-vis de
l'ennemi est de droit étroit; il n'est suscep-
tible d'aucune interprétation, et il doit être
exécuté dans ses termes stricts, rien de plus.
Il est certain que le vainqueur le demande
aux officiers du vaincu pour se débarrasser
lui-même du soin de nourrir et de garder ses
prisonniers. Il serait trop commode pour lui
s'il pouvait encore joindre à cet avantage celui
de paralyser tous les officiers, qui devien-
draient alors de véritables prisonniers dans
leur propre pays, entretenus par ce même
pays! Les officiers, au moins à Sedan, où le
fait se présenta pour la première fois, qui
signèrent le revers, s'engageaient à ne plus
servir contre l'Allemagne, pendant la durée
de la guerre. Donc, toujours en admettant

que l'engagement fût valable, ils avaient le
droit d'être employés soit à l'intérieur, soit
dans les colonies, partout enfin où ils ne devaient pas se trouver en lutte armée contre la
Prusse. Dire qu'en étant employés dans les
dépôts ou ailleurs, ils rendaient disponible un
autre officier qu'on envoyait à l'armée, ce qui
était combattre indirectement la Prusse, est
du pur ergotage. Pourquoi ne pas exiger aussi
qu'ils ne prissent part à aucune souscription
publique pour achats d'armes? Pourquoi ne
pas leur imposer de faire dire des prières
publiques pour le succès de l'ennemi?

Nous allons plus loin; nous soutenons que
le contrat est fait strictement entre les deux
contractants, *intuitu personæ*, et qu'il n'est
pas transmissible. Si l'on admet le contraire,
on arrive rapidement à cette conclusion, que
l'officier malheureux au début d'une guerre
commencée sur une petite échelle, se trouve-
rait dans l'impossibilité de défendre activement
son pays, même si, la guerre s'étendant, sa patrie
avait à lutter plus tard contre une coalition.
Répétons donc que l'engagement d'un officier

prisonnier de guerre doit être entendu dans son sens absolument littéral, et ne peut prêter à aucune interprétation, c'est-à-dire que l'officier qui l'a signé doit s'abstenir de tout acte d'hostilité directe contre l'ennemi avec lequel il s'est engagé.

Il y a un *criterium* certain, c'est celui-ci : Lorsque la nation est en état de guerre, l'armée tout entière n'est pas engagée ; celle qui est mêlée aux événements *est en campagne,* où qu'elle se trouve ; mais il y en a une partie, grande ou petite, qui est comme elle serait en temps de paix, c'est-à-dire *n'est pas en campagne.* Nous soutenons que l'officier qui a pris l'engagement de ne pas servir contre l'ennemi peut, sans manquer en rien à son engagement, être employé dans la partie de l'armée qui ne fait pas campagne dans la guerre où il a été pris. Ainsi, dans toutes nos guerres, cet officier eût pu, sans hésitation, être employé, soit à l'intérieur, soit en Algérie, soit aux colonies.

Il est même bien certain que le revirement du sort des armes annule tous les engagements. On sait qu'en 1866, la Prusse, invitée à nous remettre les provinces rhénanes selon ses engagements antérieurs, répondit que des victoires comme celle de Sadowa dispensaient de tous les engagements. Il ne serait donc que juste, si, après que des officiers d'une armée malheureuse ont signé le revers, la victoire revenait sous le drapeau de leur patrie, que ces officiers fussent déliés de leur engagement, absolument comme si, prisonniers chez l'ennemi, une colonne de troupes de leur nationalité fût venue les délivrer dans leur résidence.

Venons à la question de légalité de l'engagement. L'officier ne doit pas séparer son sort de celui du soldat ; c'est entendu. Mais ce n'est pas l'officier qui se sépare du soldat, c'est le vainqueur qui l'en sépare ; c'est même une règle élémentaire chez toutes les nations pour la garde des prisonniers, afin de ne pas s'exposer au danger que pourrait causer l'influence des chefs sur les soldats, dans telle circonstance donnée. Dans les conditions actuelles de la guerre, l'officier prisonnier devient une individualité, et rien de plus ; là est toute la question. A Metz, beaucoup d'officiers ne prirent conseil que d'eux-mêmes, et ils se sauvèrent ; ils firent terriblement bien. Pour nous, nous nous trouvâmes engrené dans un milieu où la question fut présentée dans ces termes : Le maréchal a pris un engagement au nom de toute l'armée ; c'est son droit. Ne pas exécuter cet engagement est un acte de déloyauté, puisque l'ennemi a accepté la signature du maréchal comme valable pour toute l'armée ; il faut donc aller en captivité.

Certes, la discipline a de bien dures exigences ; mais vont-elles jusque-là ? Nous nous permettons d'autant plus d'en douter que, depuis cette époque, malgré l'exemple des faits, aucune disposition législative ou réglementaire, dans aucun pays, n'a osé formuler une règle à ce sujet, et, à notre avis, ce silence doit être continué. Mais ceci ne résout toujours pas la question de savoir si l'officier prisonnier a, oui ou non, le droit de signer l'engagement de ne plus combattre la puissance aux mains de laquelle il est tombé. A Metz, ce fut l'ennemi lui-même qui nous proposa de signer le revers. Personnellement, nous nous trouvions, avec un assez grand nombre d'officiers, pour le service ou pour avoir des renseignements, dans un salon du rez-de-chaussée de l'hôtel de la division, le lendemain de l'entrée de l'ennemi. Bientôt arrivèrent deux officiers d'état-major prussiens, qui nous firent connaître que chaque officier français devait être mis personnellement en demeure de se prononcer, s'il voulait ou non signer l'engagement de ne plus servir pendant la guerre, et que l'on allait commencer par nous. Cette notification ne fut pas plutôt faite, que nous nous envolâmes tous, comme une volée de pigeons, par la porte et par les fenêtres.

Plus tard, dans les villes qui nous étaient assignées comme résidence, chacun de nous dut signer l'engagement de rester prisonnier sur parole. Mais c'est là un engagement d'accord sinon avec les règlements, au moins avec les usages constants, et qui n'a rien de commun avec ce qu'on a appelé le revers.

Nous concluons que la légalité de la signature du revers n'étant pas et ne pouvant guère être résolue, il en reste le fait seul, et ce fait est un engagement de droit étroit, qui doit être exécuté selon la lettre, et rien de plus.

En fait, le cas de Guzman n'est même plus aussi simple, et vaut qu'on s'y étende plus longuement.

L'engagement que l'on fit signer aux officiers de la maison de l'Empereur est le suivant :

« Je soussigné, capitaine, etc., déclare sur l'honneur m'engager à ne plus porter les armes contre l'Allemagne pendant la présente guerre, ni favoriser les mesures contre ses armées. En foi de quoi, j'ai signé.

« Sedan, le 2 septembre 1870. »

En échange de cet engagement, les deux pièces suivantes furent remises aux officiers :

Pièce française.

« Maison de l'Empereur. Sedan, le 2 septembre 1870.

« Le général de brigade aide de camp de

l'Empereur, chargé des fonctions d'adjudant général du palais, certifie que le capitaine Guzman (Pierre), officier d'ordonnance de l'Empereur, a été fait prisonnier de guerre, à la date de ce jour, par l'armée ennemie, et mis en liberté sur parole, avec ordre de passer par la Belgique pour se rendre en France. Il emmène deux ordonnances.

« En foi de quoi, je lui ai délivré le présent certificat.

« *Signé :* REILLE. »

Pièce allemande. (Traduction.)

Grand quartier général de Sa Majesté le Roi de Prusse, à Frénois, le 2 septembre 1870.

« Le porteur du présent, Guzman, capitaine de l'armée impériale française, prisonnier et renvoyé sur sa parole, a la permission de se rendre de Sedan dans ses foyers, en passant par Bouillon et la Belgique.

« Les troupes devront le laisser passer librement.

« *Le général quartier-maître,*

« *Signé :* PODBIELSKI,

« *Lieutenant général.* »

Lorsque les sauf-conduits furent remis aux officiers, ceux-ci devaient immédiatement être laissés libres de se rendre chez eux, comme ils le voudraient. Au lieu de cela : d'abord on fait signer l'engagement à tout le monde, aussi bien à ceux, encore inconnus, que l'Empereur devait garder avec lui en captivité, qu'à ceux auxquels il rendrait leur liberté; puis, au lieu de les laisser libres, on forme une seule colonne de tout le quartier impérial, on lui donne une escorte, et, sous prétexte de la conduire, on la promène à travers les camps prussiens, on la montre aux vainqueurs, on lui fait même voir notre matériel d'artillerie conduit triomphalement par les Prussiens, et des colonnes de nos soldats prisonniers.

C'était là une odieuse violation de l'engagement pris par le vainqueur de laisser le vaincu absolument libre, aussitôt qu'il aurait signé l'engagement de ne plus servir contre lui. Mais voici qui est bien plus fort. On arrive à la frontière de Belgique, les troupes prussiennes s'arrêtent, le convoi des prisonniers, qui ne devraient plus l'être, continue jusqu'à

6.

Bouillon, accompagné seulement maintenant par des officiers prussiens. De quel droit? Est-ce que la Belgique avait rompu la neutralité et s'était mise du côté de la Prusse, que des officiers prussiens traînassent leurs prisonniers sur le sol belge?

Si l'on voulait faire passer les prisonniers par la Belgique, il n'y avait pas deux moyens : l'autorité belge devait seule entrer en action et prendre seule les mesures qu'elle jugerait convenables envers les réfugiés, car ces prisonniers, en touchant le sol belge, devenaient *ipso facto* des belligérants réfugiés. Les choses ne se passèrent pas autrement plus tard, en Suisse, pour l'armée de l'Est ; les autorités suisses ne demandèrent pas aux troupes françaises si elles avaient traité ou non avec l'ennemi ; elles internèrent purement et simplement les réfugiés, comme c'était leur droit et leur devoir.

En n'agissant pas ainsi, l'affaire allait se compliquer et, d'une question de droit international privé, devenir une question de droit international public. Le roi de Prusse n'avait

évidemment aucun droit de diriger ses prisonniers à travers la Belgique ; mais, ce qui est
bien plus fort, la pièce allemande porte au dos
l'inscription suivante :

Sauf-conduit.

« Vu au bureau de la place de Namur, pour
départ, le 4 septembre 1870.

« *Le colonel commandant,*

« *Signé :* (Illisiblement.) »

(Ici le cachet de la place.)

Que signifie ce visa d'un commandant de
place belge mis sur le sauf-conduit prussien,
plutôt que sur le sauf-conduit français ? Est-ce
que le général prussien, qui avait signé le
sauf-conduit, avait des ordres à donner aux
troupes belges ? Comment un commandant de
place a-t-il pu être assez oublieux de sa dignité
et de sa nationalité pour aller, par son visa,
donner force exécutoire à un ordre d'un militaire étranger ?

Répétons-le à satiété : le revers est un engagement de droit étroit; on ne peut rien exiger au delà de ce qu'il contient, et il ne donne lieu à aucune interprétation. Par contre, la violation de l'une quelconque de ses conditions intrinsèques le rend radicalement nul. Donc ici, les officiers français n'ayant pas été mis en liberté individuellement et sur-le-champ, leur engagement était nul; il l'était encore parce qu'on les avait conduits sous escorte à la frontière d'un État étranger. Ils n'étaient plus tenus que par l'engagement que pourrait leur faire prendre cet État; or, on ne leur en avait demandé aucun, ils étaient donc absolument libres.

CHAPITRE V

Revenons maintenant aux événements qui ont motivé cette digression. L'Empereur, prisonnier de guerre sur parole, part pour Willemshohe, en passant par la Belgique et suivi de toute sa maison militaire ayant signé l'engagement de ne pas servir contre la Prusse, pendant la durée de la guerre. Ce fut à Bouillon, le 3 septembre, que l'Empereur désigna les officiers qu'il désirait garder auprès de lui. Guzman ne fut pas de ceux-là ; l'Empereur, l'appelant à l'écart, lui confia une lettre pour l'Impératrice, quelques autres plis à remettre aux mains d'amis, et le chargea de renseigner verbalement le ministre de la guerre sur les faits dont lui, Guzman, avait été le témoin. Un

sauf-conduit était tout prêt pour l'accomplissement de cette mission.

Guzman profita d'une occasion particulière
pour quitter Bouillon le soir même, avec le
comte Daru, courrier de cabinet. On prit une
voiture pour aller par les chemins les plus
courts rejoindre le chemin de fer à la station
de Libramont. Malheureusement la voiture
fut arrêtée par des patrouilles belges, et nos
voyageurs conduits à un quartier général belge,
où l'on perdit toute la nuit. Le comte Daru,
grâce à sa qualité civile, put se mettre en
route dès le lendemain matin; mais Guzman,
comme militaire, dut aller jusqu'à Namur, et
il ne put arriver à Paris que le 5 au matin,
après la révolution et le départ de l'Impératrice. Naturellement il éprouva des peines
infinies pour remettre les lettres dont il était
chargé. L'hôtel du ministre de la guerre était
vide, les Tuileries fermées. A force de courir,
il finit par trouver les destinataires de ses
lettres; mais il ne put trouver le général de
Montauban, le ministre de la guerre des derniers jours de l'empire.

Il restait à Guzman à accomplir la partie la plus importante et la plus difficile de sa mission : remettre à l'Impératrice la lettre de l'Empereur. Où était l'Impératrice et comment la rejoindre ? Après un temps assez court d'indécision, on sut que l'Impératrice s'était rendue en Angleterre. C'est donc cette direction que prit Guzman ; il finit par rejoindre sa souveraine à Hastings, et il put ainsi achever complétement la mission dont il avait été chargé par l'Empereur, le 3 septembre.

Guzman, ne voulant pas rester à charge à l'Impératrice, rentra en France. Le 10, il prit un passe-port à l'ambassade de France, à Londres, et le 12 il était à Paris, où le ministre de la guerre du gouvernement de la Défense nationale lui donna un congé pour en jouir à Trouville, où, dès le début de la guerre, il avait envoyé sa mère. Il comptait pouvoir se retremper un peu au foyer maternel, respirer et réfléchir, après toutes les émotions par lesquelles il venait de passer. Hélas ! il comptait sans son mauvais génie, qui l'avait pris et n'entendait plus le lâcher jusqu'à la fin.

Il était arrivé à Trouville le 15 septembre.
Le lendemain 16, il alla se promener sur la
route de Honfleur. Les paysans avaient orga-
nisé une surveillance autour de leurs champs ;
ils se relayaient dans ce but. Que faire, lorsqu'on surveille, sinon chercher le mal et le
voir partout ? « Qu'est celui-ci ? se dirent deux
des gardes champêtres improvisés. — Si c'était
un espion prussien ? dit l'un. — Certainement
c'est un espion prussien ! » répond l'autre.
A cette époque on en voyait partout, sans se
dire que l'espionnage se fait pendant la paix,
que la guerre en est précisément le fruit, et
que, fait ainsi pendant la guerre, neuf fois sur
dix il arriverait trop tard. Mais faites donc
raisonner des populations affolées !

Sitôt dit, sitôt convaincus, nos deux paysans
appellent les camarades : « Hé ! là-bas, vous
autres, arrivez, voilà un espion prussien ! »
Malgré les protestations de Guzman, on l'em-
poigne, on le garrotte littéralement, bras à
bras et jambe à jambe, à un solide gaillard,
précaution bien inutile ; on les hisse sur une
charrette, et l'on transporte cet étrange binôme

à la gendarmerie de Pont-l'Évêque. C'est ici le cas de dire : *Crescit eundo*. Il y a douze kilomètres de Trouville à Pont-l'Évêque; les paysans sont tous dehors.

« Qu'est-ce qu'il y a ? disent les uns. — C'est un espion prussien qu'on va pendre à Pont-l'Évêque », leur répond-on. Et aussitôt ceux-ci de se joindre au cortége.

« Ohé ! là-bas ! crie-t-on aux autres, qui sont sur leur porte ; arrivez donc, on tient un espion prussien, on va le pendre à Pont-l'Évêque ! » Et ceux-là de courir augmenter encore le cortége. Mais ce cortége n'est pas bienveillant ; la foule et les imprécations grossissant, Guzman dut certainement à son compagnon de corde, qui pouvait être atteint, de ne pas être lapidé en route.

Enfin, on arrive à la gendarmerie précédé d'une rumeur menaçante. Le colis des deux hommes ficelés est descendu de la charrette et mis en présence du maréchal des logis, commandant par intérim la gendarmerie de l'arrondissement. Le premier soin de ce sous-officier fut de faire délier Guzman, qui était

moulu, et dans tous les cas hors d'état maintenant de se sauver. Heureusement, Guzman
avait son portefeuille sur lui; il put donc montrer au maréchal des logis ses pièces militaires. Celui-ci conduisit néanmoins son prisonnier devant le sous-préfet. Ici, nouvel
interrogatoire, nouvel examen des pièces, qui
furent trouvées en règle. Cependant, elles
pouvaient avoir été volées; le sous-préfet
donna donc l'ordre de mettre le capitaine
Guzman en liberté, mais après toutefois qu'on
l'aurait conduit à Trouville et qu'on aurait
constaté son identité; en même temps, il
télégraphia à Paris.

Le maréchal des logis de gendarmerie alla
donc requérir une voiture; il y monta à côté
de Guzman, et l'on rentra à Trouville, où l'on
arriva pendant la nuit. Le maréchal des logis
se fit conduire à la mairie ; là, on demanda à
Guzman s'il connaissait quelqu'un de qui il pût
se réclamer. « Je connais ici beaucoup de personnes de la société, répondit Guzman; mais
vous pourriez encore penser qu'on me recon-
naîtrait par bonté d'âme, et seulement pour

sauver un malheureux ; tenez, voilà deux noms. » Il donna les noms de deux ouvriers qu'il avait employés l'année précédente. On alla éveiller les deux ouvriers, qui vinrent en maugréant d'être dérangés de leur sommeil, et qui, mis chacun séparément et brusquement en présence du prisonnier, répondirent chacun à la question : « Connaissez-vous cet homme ?

— Tas d'imbéciles, je crois bien que je le connais ; c'est le capitaine Guzman, aide de camp de l'Empereur. »

Il fallut bien se rendre à l'évidence et, cette fois, mettre Guzman en liberté. On doit comprendre dans quel état il se trouvait, après des épreuves et des menaces pareilles, d'autant plus qu'à Pont-l'Évêque la foule n'en voulait pas démordre ; on lui avait promis le spectacle de la mort d'un espion, il lui fallait la pendaison de cet espion, vrai ou faux. On conçoit facilement, aussi, dans quel état était la mère de Guzman, dont le fils avait disparu depuis le matin. Enfin la mère et le fils purent se retrouver ensemble, au milieu de la nuit ; le lendemain, leur propriétaire

ne voulut pas s'exposer à une nouvelle scène
et les invita à aller se loger ailleurs.

Le 18 septembre, le sous-préfet écrivit au
capitaine Guzman pour l'aviser de la remise
de ses papiers, de l'envoi d'une dépêche ministérielle qu'il venait de faire afficher, et qui
confirmait les dires de Guzman; enfin, regret-
tant les faits, mais expliquant les mesures prises
par les exigences de la situation générale, et
même par la nécessité de garantir le capitaine lui-même contre une population assez
portée à croire que c'était un véritable espion
qu'on voulait lui arracher. Jusque-là, rien que
de très-correct; mais où la vieille gaieté gau-
loise, qui ne veut jamais perdre ses droits,
montre le bout de l'oreille, c'est dans la lettre
suivante :

« ...20 septembre 1870. (Confidentielle.)

« Monsieur,

« Le *Journal de Honfleur* du 19 septembre
1870 contient quelques mots justificatifs à
votre adresse ; serait-ce abuser de vous que

de vous demander de prendre un abonnement de trois mois à ce journal qui devient quotidien, et reçoit toutes les dépêches de la sous-préfecture?

« Le journal est peu fortuné; il a grand besoin d'être poussé, et je vous serais reconnaissant de favoriser son succès, en le recommandant à vos amis : trois mois, 3 francs 50 centimes.

« Veuillez agréer, cher Monsieur, etc. »

Pour l'administration civile, l'affaire finissait en vaudeville.

Cette abominable journée, qu'avec sa bienveillance inébranlable Guzman a toujours qualifiée de simple algarade, ne passa pas sans motiver force rapports de la gendarmerie et du sous-préfet. Guzman, qui était allé s'installer avec sa mère à Villers-sur-Mer, fut mandé à Caen, devant le général commandant la subdivision, et de là à Tours, au ministère de la guerre de la délégation, qui manquait d'officiers. Là, sa situation militaire fut examinée avec plus de calme; les termes de son

engagement avec l'ennemi furent scrupuleu-
sement tournés et retournés, et il fut conclu
que la seule chose qui fût interdite à Guzman
était de combattre directement contre la
Prusse. En conséquence, il fut décidé qu'il
irait en Algérie, et on ne lui laissa que quelques jours pour retourner à Villers, avant de
partir pour l'Afrique.

Guzman, ne voulant pas abandonner une seconde fois sa mère aux hasards d'une guerre
dont on ne pouvait plus prévoir la fin, la décida à partir pour Biarritz, où du moins, si
cela devenait nécessaire, elle pouvait, en
quelques heures de voiture, se rendre en
Espagne, dont elle parlait la langue. Les personnes avec qui était madame Guzman à Villers, trois dames, une mère et deux grandes
et belles jeunes filles, jugèrent prudent de
faire de même, et Guzman eut ainsi la charge
d'aller installer tout son monde à Biarritz.
Un déménagement comme celui-là ne pouvait pas se faire dans un pareil moment
comme on le ferait aujourd'hui. Au moment
de partir, Guzman reçut l'ordre de se rendre

à Tours pour y prendre sa nouvelle lettre de
service. L'ordre est du 15 octobre; il partit
le jour même. Le lendemain 16, on lui remit
au ministère, à Tours, une lettre de service,
le nommant à la 2e batterie principale du
5e régiment d'artillerie monté, à Oran. Le
seul délai qu'on lui accorda fut le temps nécessaire pour faire continuer le voyage de
sa mère jusqu'à Biarritz, l'y accompagner et
revenir sur-le-champ s'embarquer à Marseille.

A son départ de Bouillon, Guzman avait
chargé son ordonnance de ramener à Paris
ses chevaux et ses bagages. L'ordonnance
accomplit sa mission, mais n'arriva à Paris
que le 16 septembre; il y fut donc enfermé
pendant tout le siége. En sorte que la nouvelle destination surprit Guzman sans un seul
effet de tenue ou autre; l'ordre était formel,
il fallait partir sur-le-champ. Il se mit en
route rien qu'avec ce qu'il avait sur le dos et
un vieux manteau de sa mère. Pour aller de
Bayonne à Marseille, il fallait passer par Toulouse et s'y arrêter quelques heures. Il eût

bien voulu en profiter pour s'y munir des effets
indispensables ; mais comment faire ? il n'avait
d'argent que ce qui lui était nécessaire pour sa
route. Il alla droit à une grande maison d'habil-
lements de Toulouse et expliqua son affaire.
Cette fois, on ne le prit pas pour un espion
prussien, on lui donna tout ce qu'il lui fallut,
et l'on accepta sans hésiter, pour payement, une
traite que Guzman fit sur sa mère, à Biarritz.

Voilà comment nous sommes, nous autres,
aux bords de la Garonne ! Que notre compa-
triote en reçoive ici les remercîments de la
mère de Guzman et les nôtres.

Arrivé à Oran, Guzman se met, suivant son
habitude, énergiquement au travail d'organisation de sa batterie, espérant avoir enfin
trouvé un peu de ce calme d'esprit tant
désiré. Cela n'eût pas fait le compte de son
mauvais génie ! Il y avait à peine un mois qu'il
était dans sa nouvelle position, qu'une dépêche
télégraphique lui prescrivit de s'embarquer
immédiatement et de se rendre au plus vite
à Tours. A quelque chose malheur est bon !
Guzman n'est plus embarrassé par ses bagages ;

il fait sa malle, la boucle, et, prévenu le 29 novembre, il prend le paquebot le 30 pour
Marseille. En débarquant, il ne fait qu'une
enjambée du bateau au chemin de fer, et il
arrive le lendemain à Tours.

CHAPITRE VI

Nous avons vu plus haut que les bureaux de la guerre avaient refusé d'inscrire sur les états de service de Guzman sa mission de 1867 en Amérique, en Angleterre et en Belgique. Eh bien ! chose étrange, les archives du ministère de la guerre étaient restées à Paris, et cependant, à Tours, quelqu'un se souvint de cette mission, et, comme on avait besoin d'un officier sûr et entendu, pour aller en Amérique recevoir encore des armes, on se rappela, juste à point pour cette opération, l'officier qui, deux fois déjà, avait été envoyé en Amérique. C'est ici que se montre tout entier l'esprit de discipline et de dévouement de Guzman. Certes, le premier venu de nous n'eût pas hésité une seconde à dire : « Ah çà ! cette fois, faisons nos petites conventions, et décidons bien que la nouvelle mission figurera dans mes états de service. » Guzman ne sourcilla pas ; il reçut sa nouvelle lettre de service, et il partit pour exécuter une mission qui allait lui causer les peines les plus cuisantes de toute sa carrière.

Comme remercîment, il devait se trouver des gens, que le lecteur qualifiera de lui-même, qui oseront essayer d'attaquer son honorabilité !

Il est nécessaire de copier ici la lettre de service qu'il reçut, et nous la copions *in extenso*.

« Le ministre de la guerre informe M. Guzman (Pierre), capitaine en premier au 3ᵉ régiment d'artillerie, appelé d'Oran à Tours par dépêche télégraphique, qu'à dater de ce jour il est mis à la disposition de la Commission d'étude des moyens de défense, pour une mission en Amérique.

« Cette lettre lui servira de titre dans l'exercice de ses fonctions.

« Tours, le 8 décembre 1870.

« *Le ministre de la guerre.*

« Pour le ministre et par son ordre,

« *Le colonel, directeur adjoint,*

« THOUMAS. »

Il semblera à tout esprit logique qu'à une pareille époque, pour ne pas dire en tout temps, une Commission d'étude des moyens de défense soit forcément dans les attributions du ministre de la guerre. Pas du tout, elle était dans les attributions du ministre de l'intérieur; ce que nous verrons dans un an, lorsqu'on rappellera Guzman du ministère de l'intérieur pour le replacer dans les services de la guerre. La Commission d'étude des moyens de défense était présidée par le lieutenant-colonel Deshorties; on verra à la fin du volume, sous le titre *Documents,* comment cette commission entra en rivalité avec une autre commission dite scientifique, et com-

ment, en fin de compte, la Commission d'étude
des moyens de défense finit par tout envahir, et
par constituer une sorte de pouvoir exécutif,
seul chargé de négocier, de correspondre, et
presque chargé de la direction.

Cette Commission devint, par la force
même des choses, l'objectif de tous les tripo-
teurs d'affaires, qui, à cette époque néfaste,
envahirent les abords de tous les ministères,
surtout ceux du ministère de la guerre. Le
président de la Commission ne tarda pas à être
convaincu que la Commission, c'était lui; que
tous les membres étaient à sa merci, et lorsqu'il
fallut incriminer Guzman, le lieutenant-colonel Deshorties, croyant se baser sur les principes du droit commun, éleva cette singulière
prétention que le capitaine Guzman était son
mandataire, en même temps que *dépositaire*
de la trop fameuse lettre qu'on verra plus loin.
Anéantissons tout de suite cette incroyable
allégation, afin de n'en plus parler. L'art. 1984
du Code civil dit : « Le mandat ou procuration est un acte par lequel une personne
donne à une autre le pouvoir de faire quelque

chose pour le mandant et en son nom. Le contrat ne se forme que par l'acceptation du mandataire. »

Nous demandons quel est l'ergoteur assez subtil pour faire passer l'ordre ministériel auquel Guzman obéissait pour un contrat synallagmatique entre MM. Guzman et Deshorties ; sans compter que cette prétention, de faire du capitaine Guzman le mandataire du président de la Commission d'étude, avait l'outrecuidance de mettre ce président au lieu et place du ministre de la guerre et du gouvernement tout entier. Voilà pour le mandat.

En ce qui concerne le dépôt, le Code civil dit :

« ART. 1920. — Le dépôt est volontaire ou nécessaire.

« ART. 1921. — Le dépôt volontaire se forme par le consentement réciproque de la personne qui fait le dépôt et de celle qui le reçoit.

« ART. 1949. — Le dépôt nécessaire est celui qui a été forcé par quelque accident, tel qu'un incendie, une ruine, un pillage, un naufrage, ou autre événement imprévu. »

Il ne saurait être question de dépôt nécessaire ; reste le dépôt volontaire, pour lequel il
faut l'accord des deux volontés pour un but
déterminé, et nous demandons encore quel
est le tourmenteur de textes qui verra un
dépôt dans la correspondance de service d'un
chef à son subordonné ?

Guzman était donc bien l'agent du gouvernement français, pour la vérification et la réception d'armes livrables en Amérique, et
rien de plus. Il partit de Tours avec un passe-
port à l'étranger délivré par le préfet d'Indre-
et-Loire, dans lequel on le qualifiait de professeur de mathématiques. En même temps,
on lui remettait une lettre du ministre des
affaires étrangères ainsi conçue :

« Tours, le 8 décembre 1870.

« *Monsieur Victor Place, consul général*
de France à New-York.

« MONSIEUR,

« M. Guzman, capitaine d'artillerie, se rend
aux États-Unis, chargé d'une mission que je

lui laisse le soin de vous exposer lui-même.

« Je le recommande à votre meilleur ac-
cueil, et je vous serai obligé de lui faciliter
autant qu'il vous sera possible l'accomplissement de sa mission.

« Recevez, etc.

« *Le délégué,*

« *Signé :* CHAUDORDY. »

Dans une lettre du 16 février 1872, adressée
à Guzman, le ministre de l'intérieur définit en
ces termes la mission accomplie par cet officier en Amérique :

« ...S'il était nécessaire de définir exactement la nature des fonctions que vous avez
remplies avec tant de distinction, j'ajouterais
que votre mission consistait à assurer la livraison et l'embarquement à New-York du matériel de 25 batteries d'artillerie achetées par
le Gouvernement français aux sieurs Valentine, Billing et Saint-Laurent; que votre intervention avait surtout pour but et a eu pour
effet de sauvegarder les intérêts du Trésor

public, en garantissant l'exécution complète
des clauses du marché, et que le matériel compris dans ce marché a été, conformément aux
conventions, débarqué à Alger dans la seconde
quinzaine du mois de septembre 1871. »

L'irrégularité, à cette époque, était la règle.
Guzman devait trouver en Amérique deux
officiers qui devaient l'y avoir précédé et qui
étaient placés sous ses ordres. Ces officiers
étaient partis de Tours le 28 novembre ; ils
passèrent par l'Angleterre, et ils n'arrivèrent
à New-York que le 27 décembre. Or, dès le
27 décembre 1870, Guzman était obligé
d'écrire au consul général de France, pour
lui signaler ce fait que les deux officiers, M. de
Launay de La Mothaye, capitaine de la garde
mobile, et M. Massot, lieutenant d'infanterie,
avaient été envoyés à New-York par le gouvernement de la Défense nationale avec une
telle précipitation qu'ils n'avaient ni ordres
ni pièces régulières d'aucune nature établis-
sant leur position vis-à-vis des représentants
du Gouvernement français. Guzman deman-

dait au consul général de fixer le montant
de la dépense journalière à laquelle la situation de ces officiers les obligeait, afin de mettre
cette appréciation, comme pièce justificative,
à l'appui des comptes qu'ils auraient à rendre
à leur retour en France. Enfin, chose qui dé-
passe toute limite, le ministère de la guerre
n'avait même pas les noms des officiers qu'il
avait envoyés en Amérique. La preuve en
est que, précisément pour les règlements de
comptes, le capitaine Guzman reçut du ministre de l'intérieur la lettre suivante :

« Versailles, le 16 décembre 1871.

« MONSIEUR,

« J'ai demandé au ministre de la guerre
l'adresse du lieutenant Massot, qui, l'année
dernière, a été, de concert avec vous et
M. de la Mothaye, chargé de contrôler à
New-York le matériel d'armement acheté au
compte du Gouvernement français.

« Mon collègue m'informe aujourd'hui qu'il
existe sur les contrôles des régiments d'infanterie quatre lieutenants du nom de Massot :

« Massot (Abel-Dieudonné), lieutenant au 24ᵉ de ligne, actuellement présent au corps, à Rouen ;

« Massot (François - Adrien - Théophile), lieutenant au 25ᵉ de ligne, présent au corps, à Vannes ;

« Massot (Georges-Jules-Alfred), lieutenant au 67ᵉ de ligne, présent au corps, à l'armée de Versailles ;

« Massot (Jean-Étienne), lieutenant au 81ᵉ de ligne, actuellement présent au dépôt du corps, à Tulle.

« Je vous serai obligé, Monsieur, de me désigner quel est celui de ces officiers qui a été envoyé en mission avec vous.

« Recevez, etc. »

Guzman répond qu'il s'agit de M. Massot (Théophile).

A son départ de Tours, Guzman reçut, en avance sur les dépenses de la mission pour laquelle il partait, une somme de six mille francs dont il ne fut pris note nulle part. Plus tard, lorsqu'on régla les dépenses, ce fut sur sa seule déclaration que cet argent put être porté en dépense par le Trésor.

De tous ces faits, il semblerait qu'on doive conclure que le gouvernement de la Défense nationale voulait cacher l'envoi de cette mission, afin que, tombant comme une bombe au milieu des trafiquants, elle pût voir les choses sous leur véritable jour. Mais, ou bien c'était incurie pure, ou bien à côté du gouvernement et employés par lui, il y avait des gens intéressés à tenir les traitants d'Amérique au courant de ce qui se tramait contre eux. Guzman avait avec lui, et sous ses ordres, deux officiers et cinq contrôleurs d'armes; il partit de Brest le 10 décembre 1870, et il arriva à New-York le 24 du même mois. En débarquant, un hôtel se trouva tout prêt à les recevoir; leurs appartements et le service étaient tels, que leurs indemnités n'eussent pas suffi à payer le seul hôtel. Sur l'observation de Guzman, on lui répondit que tout était payé, et qu'il n'aurait rien à régler à la fin de sa mission. Immédiatement, Guzman donna l'ordre de payer sur-le-champ toute la dépense faite, et la mission tout entière alla se loger dans un hôtel plus modeste, et à ses frais.

Il ne nous convient pas de raconter en détail les tentatives auxquelles il fut en butte, ni de rappeler des noms si tristement célèbres; on trouvera, d'ailleurs, cette histoire tout au long, à la fin du volume, sous le titre : *Documents*. Disons seulement qu'entouré en Amérique de gens adroits et tarés pour la plupart, cherchant à capter sa signature, qui, pour eux, valait des millions, il soutint, sans appui et dans les circonstances les plus difficiles, une lutte incessante dans l'intérêt du Trésor français. Parti sans instructions du président de cette fameuse Commission d'étude des moyens de défense, ne recevant rien, ni avant ni après la double lettre que nous ne qualifierons pas autrement, et qui se trouve relatée tout au long ci-après dans les *Documents,* il revint en France demander lui-même ces instructions qu'on ne lui envoyait pas. Il arriva en France le 12 juin 1871. Il dut repartir pour New-York le 22 juin, à cause des difficultés que soulevait la résiliation des marchés d'ar-

mes. Enfin, une transaction intervint, et Guzman expédia en Algérie tous les canons qu'il
reçut. Il faut lire, pour être complétement édifié, les tentatives de toute espèce auxquelles il
dut résister. Il y a là une histoire bien instruc-
tive de connaissements et de manifestes relatifs au navire *le Zouave,* qui transporta de New-
York à Alger le matériel reçu ; les papiers de
bord, remis ou censés remis en règle, au capitaine du navire, et, à l'arrivée à Alger, ce marin
n'ayant rien qui permît au service de l'artillerie
de recevoir, en connaissance de cause, le matériel embarqué ; 20 pour 100 du prix du marché, qui devaient être conservés comme garantie, sont livrés aux traitants par le banquier
dépositaire ; des retenues effectuées sur la
proposition de Guzman, sur le prix de vente,
s'élèvent à 340,304 fr. 90 ; etc., etc. Guzman
revient en France en décembre 1871 et, le 10
de ce même mois, le ministre de l'intérieur lui
remet une nouvelle lettre de service ainsi
conçue :

« Le ministre de la guerre informe M. P.
Guzman, capitaine en premier à la deuxième

batterie du 3ᵉ régiment d'artillerie, à la disposition du ministre de l'intérieur, à Paris,
que, par décision de ce jour, il a été classé
à la deuxième compagnie du 16ᵉ régiment
d'artillerie-pontonniers.

« Cette lettre lui servira de titre dans
l'exercice de ses fonctions.

« Paris, le 27 novembre 1871.

« Par ordre et par délégation, etc. »

Par deux lettres, datées la première du
17 novembre 1871, et la seconde du 7 décembre de la même année, le ministre de
l'intérieur, signalant au ministre de la guerre
les services rendus par Guzman, lui demandait pour cet officier, soit l'avancement au
grade de chef d'escadron, soit la croix d'officier de la Légion d'honneur. Peine perdue !
La direction de l'artillerie avait Guzman à
l'œil, parce que sa fermeté avait montré, clair
comme le jour, que le ministère avait été
dupé par les prétendus fabricants d'armes.

CHAPITRE VII

CONSEIL D'ENQUÊTE. — COMMISSION DES MARCHÉS.

On sait qu'un des premiers soins de l'Assemblée nationale, nommée en 1871, fut de créer dans son sein une Commission dite des marchés, dans laquelle on trouve les noms des députés les plus intègres et les plus compétents. Cette Commission allait évidemment tirer au clair l'affaire de l'achat des canons en Amérique, et la déposition du capitaine Guzman serait certainement le pivot de toutes ses investigations. Si donc les adversaires de Guzman pouvaient employer ce procédé si habilement pratiqué par les parquets civils, de faire d'abord condamner en police correctionnelle, pour un délit quelconque, un homme qu'on veut écraser en Cour d'assises, où il arrivera comme repris de justice, quelle

aubaine ce serait pour nos pseudo-honnêtes
débitants de canons américains ! Voilà donc
Guzman qui, un beau matin de 1872, reçoit
avis qu'il est traduit devant un conseil d'enquête pour avoir forfait à l'honneur, en
reprenant du service après avoir signé le
revers.

Ici, reconnaissons-le, Guzman manqua de
sang-froid; au lieu de hausser les épaules et
d'attendre, car, par le fait, il était soumis à
une mesure générale prise à l'égard de tous
ceux qui avaient combattu après avoir pris
l'engagement de ne pas le faire, il s'impres-
sionna de cette attaque insensée. La conscience de l'« honnête Guzman » du lycée de
Versailles, du « Don Diègue » de l'École
polytechnique, se révolta, et le chagrin qu'il
eut de ce qu'on pût le soupçonner lui causa
autant de mal que toutes les fatigues qu'il
venait d'éprouver. Ses camarades, ses chefs
lui disaient et lui écrivaient : « Mais tranquil-
lisez-vous, vous n'êtes accusé de rien ; vous
êtes en ce moment soumis à une mesure générale dont vous n'avez pas à vous préoccu-

per. » Rien n'y faisait ; ce mot de conseil d'enquête le renversait, et c'est avec la fièvre qu'il réunissait les éléments d'une défense bien superflue, là où l'attaque, en réalité, n'existait pas.

La question du revers a été traitée ci-dessus, pages 72 et suivantes. Nous n'y reviendrons pas ; mais il nous est impossible de ne pas dire quelques mots de l'adversaire de Guzman, le lieutenant-colonel Deshorties, qui porta ensuite contre Guzman, et toujours en vue de la Commission d'enquête, l'accusation de détournement de correspondance (voir les *Documents* à la fin du volume). M. Deshorties, en fait de renseignements sur la mission dont on chargeait Guzman, lui dit :

« Nous vous envoyons chercher des canons pour remplacer ceux que la lâcheté de nos mobiles vient de nous faire perdre à Orléans.

« Vous recevrez tout ce qui sera d'un service immédiat. »

Ce sont là de graves paroles, et celui qui les prononça a dû verser souvent son sang sur les champs de bataille. Or, dans un annuaire du corps d'état-major que nous avons fait jadis, et dont nous dirons quelques mots plus loin, nous trouvons : « Deshorties (Marie-François-Augustin), né le 27 février 1818, entré au service le 14 novembre 1838, sous-lieutenant le 1ᵉʳ octobre 1840, lieutenant d'état-major le 8 janvier 1845, capitaine le 23 juillet 1847, chef d'escadron le 12 août 1862. Services de guerre : Trois campagnes en Algérie. » Ainsi, pendant sa carrière, ont eu lieu les expéditions de Rome, de Crimée, d'Italie, de Chine, de Syrie, du Mexique, et il n'a pris part à aucune. 1870 le trouve à Marseille, d'où il va à Tours présider la Commission d'étude des moyens de défense ; et c'est là qu'il passe le temps de la guerre, sauf, nous dit-il, le temps qu'il a passé à l'armée de l'Est, ce qui ne l'empêche pas de signer un procès-verbal de la Commission d'étude, à Bordeaux, le 13 février 1871.

Nous avons écrit l'histoire des mobiles de Maine-et-Loire[1]. Ils formaient le 29 régiment de mobiles, et ils étaient à l'armée de la

---

[1] Un volume, à la librairie Germain et Grassin, à Angers.

Loire. Le 29ᵉ mobiles s'est battu pendant quatre jours autour d'Orléans, au commencement de décembre 1870. L'historique dont nous parlons porte les noms des mobiles de tous grades du 29ᵉ tués et blessés dans la retraite d'Orléans. Cet historique est rédigé jour par jour, heure par heure, ce qui ne prête guère au travail de l'imagination ; conformément aux instructions ministérielles sur la rédaction des journaux de marche, le volume se termine par l'état nominatif des officiers qui ont fait partie du régiment. Depuis cette époque, nous avons eu tous, ou presque tous, ces officiers sous nos ordres, de même que les anciens mobiles; aujourd'hui encore, toutes les propositions pour la Légion d'honneur ou la médaille militaire sont basées sur les services ou les blessures de cette époque. Quel dommage que le lieutenant-colonel Deshorties n'ait pas jugé à propos d'aller servir son compliment à n'importe lequel des officiers portés sur cet état nominatif! Nous lui eussions garanti une réception chaleureuse; et puis, il aurait même eu la ressource de s'adresser au chef qui les couvre tous, et qui se serait porté fort pour n'importe lequel de ses officiers.

Nous avons dit tout ce que nous avions à dire sur la question du revers ; nous ne pouvons donc pas envisager sérieusement la comparution de Guzman devant le conseil d'enquête. Le ministère en pensait de même ; car il est inadmissible qu'en même temps qu'il traduisait un officier devant un conseil d'enquête, pour avoir forfait à l'honneur, il lui écrivît la lettre suivante, faisant appel à ses connaissances :

« Paris, 8 décembre 1871.

« CAPITAINE,

« Je vous envoie ci-joint, en communication, une brochure que M. le ministre des affaires étrangères vient de me faire parvenir. Je vous prie de me faire savoir s'il n'existe pas à votre connaissance d'autres documents, officiels ou non, sur le matériel Parrott.

« Dans le cas de l'affirmative, vous voudrez bien me les communiquer, si vous les avez recueillis dans vos différents voyages aux

États-Unis, ou m'indiquer la voie la meilleure à suivre pour les obtenir.

« Recevez, etc. »

Il est à remarquer que, par matériel Parrott, on désigne la composition des batteries d'artillerie reçues par Guzman aux États-Unis, expédiées par lui de New-York à Alger, avec des connaissements et des manifestes parfaitement en règle, signés de lui et contenant les réserves les plus expresses sur les droits du Gouvernement français, et que les connaissements et manifestes remis à Alger, à l'arrivée du navire, ne portaient plus ni la signature de Guzman, ni de réserves d'aucune espèce. Ces documents avaient été établis en un assez grand nombre d'expéditions, Guzman n'avait signé que le nombre légal, et ce fut évidemment un des autres qui fut remis au capitaine du navire.

La comparution devant la Commission des marchés de l'Assemblée nationale est une tout autre affaire que la comparution devant le conseil d'enquête; aussi relaterons-nous *in*

extenso, à la fin de notre travail, les déposi-
tions des deux principaux intéressés devant
cette Commission. En lisant les procès-verbaux des séances de la Commission, on est
stupéfait de l'aplomb avec lequel répondent
des gens qui eussent dû être beaucoup plus
modestes, et qui oublient, au total, qu'ils sont
devant une délégation de l'Assemblée souveraine. Une chose a toujours dépassé les limites
de notre intelligence : nous ne pouvons pas
comprendre comment une individualité quelconque, qui a eu, ne fût-ce qu'un moment, la
charge de présider à la dépense de deniers
publics, si petit qu'en fût le nombre, peut
se formaliser qu'on lui demande ses comptes,
fût-ce dix fois, fût-ce vingt fois.

Le contribuable, qui a payé, a certes bien
le droit de donner mandat à son représentant
de vérifier de près où est passé l'argent. Aucun
détenteur de fonds ou de matières de l'État
ne doit s'étonner de vérifications, même répé-
tées. L'honorabilité individuelle ? Mais c'est
la première chose que les voleurs crient pardessus les toits. Cela veut-il dire que tous

ceux qui se retranchent derrière leur honorabilité plus ou moins connue soient des voleurs? Oh! non, certes. Mais cela veut dire
que l'honnête homme qui se froisse d'un
interrogatoire ou d'une vérification est victime
d'un faux amour-propre. Au contraire, plus la
vérification sera facile et limpide, et plus
l'honorabilité de l'agent ressortira, sans qu'il
soit nécessaire d'en parler. Quelles que soient
nos idées là-dessus, il n'en est pas moins certain que les collectivités, bureaux de la guerre
ou autres, n'aiment pas les enquêtes ou les
vérifications, parce qu'il leur semble toujours
qu'on veut empiéter sur leurs attributions.

La Commission des marchés poursuivit ses
recherches, sans se laisser influencer ni inti-
mider par aucune résistance; et lorsqu'elle vint
rendre compte de sa mission à l'Assemblée
nationale, le duc d'Audiffret-Pasquier, président de la Commission, du haut de la tribune,
s'exprima en ces termes sur le compte du capitaine Guzman, dans la séance du 29 juillet 1872 :

« Vous avez envoyé en Amérique un officier, c'est le capitaine Guzman; il arrive un

peu tard. Je néglige, Messieurs, dans cette affaire, les détails ; allons au fond de la question : il avait deux collègues avec lui ; trois personnes. Les noms, Messieurs, sont au rapport.

« A partir de ce moment, vous avez là un agent sérieux ; ah ! plus que cela : un agent intelligent, et l'Assemblée comprendra qu'il est doux pour la Commission des marchés, qui passe par de si pénibles et de si tristes impressions, de trouver devant elle la figure intelligente, loyale, ferme, d'un officier qui a rempli sa mission comme, j'en suis sûr, personne ne l'eût mieux remplie dans l'armée. (*Très-bien ! très-bien !*) L'Assemblée sera heureuse de savoir que, si l'on eût écouté cet officier, si on eût tenu plus de compte de ce qu'il disait, on eût épargné au pays les désastres financiers que nous sommes obligés de lui signaler.

« Cet officier arrive ; il trouve en débarquant M. Saint-Laurent ; on l'introduit dans une admirable chambre ; il avait un cabinet de toilette, salle de bain, salle de réception ; il

est un peu surpris de ces splendeurs, il s'en
méfie ; il demande sa note. Il semble que cet
entour n'est pas fait pour sa personne ; il
paye et va se mettre dans un logement modeste. Déjà son attention, je dirai sa délicatesse, est éveillée. Il ne se passe pas quatre
heures, qu'on vient souffler à son oreille les
plus infâmes suggestions ; qu'on lui dit que,
s'il veut, il peut gagner de l'argent. Voilà quels
sont les contractants.

« A partir de ce moment, ce capitaine tient
note, jour par jour, heure par heure, de ce
qui se passe ; et c'est grâce à cela que nous
pouvons suivre toutes les opérations, sans
aucun doute pour personne. »

Et plus loin :

« Maintenant quelque chose de bien plus
grave. Il y avait là le colonel Deshorties.
Vous le voyez au début ; il a une responsabilité. Tout le monde vous dit : C'est le colonel
Deshorties qui a été l'initiateur du marché. Il
s'en va ; il revient. Vous remarquerez dans
les interrogatoires que le président lui demande, non pas une fois, sept fois : « Avez-

vous correspondu avec vos agents en Amérique ? — Non. — Avez-vous eu des rapports quelconques avec les contractants ?—Non.— Rappelez bien vos souvenirs : n'avez-vous jamais écrit ?— Jamais. — N'avez-vous jamais eu des rapports avec eux ? — Jamais. »

« Cela est répété sept fois.

« Eh bien ! Messieurs, par une sorte de hasard, j'ai été averti que le capitaine Guzman avait reçu une lettre. Je fis venir le capitaine Guzman. Je lui dis : « Vous avez reçu une lettre du colonel Deshorties ? — Oui. — Quand ?— Très-tard. Il y avait six semaines que j'attendais des instructions; les instructions n'arrivaient pas, quand un jour je reçus une lettre du colonel Deshorties. »

« Voilà un agent français qui attend des instructions; il les attend avec une grande impatience. Vous voyez quelle était la situation, combien il était pressé, combien il était ardemment désireux de savoir comment faire au milieu d'une situation aussi délicate. Que trouve-t-il dans cette lettre ? Ceci :

« Je vous prie de vouloir bien faire remettre

l'incluse à M. Saint-Laurent, dont j'ignore l'adresse. Veuillez, à cette occasion, remettre en mémoire à M. Saint-Laurent que je l'ai prié de me faire l'acquisition, pour mon musée, d'armes d'Indiens encore sauvages, et de quelques autres d'origines diverses qui lui paraîtraient rares, en lui rappelant que je ne tiens nullement aux armes de luxe.» *(Murmures sur un grand nombre de bancs.)*

« Grand fut l'étonnement de cet officier de n'avoir pas d'autres instructions que d'acheter, pour le musée particulier de M. Deshorties, des armes d'Indiens. *(Nouveaux murmures.)*

« Alors, il se consulta avec ses honorables collègues. Ils voient une lettre incluse et ils disent : « Mais, évidemment, les instructions sont contenues dans la seconde lettre!» Alors, Messieurs, après leur petit conseil, ils se disent: « Oh! le président de la Commission ne peut pas avoir de mystère avec M. Saint-Laurent. » Après beaucoup d'hésitations, frappés de la nécessité pourtant de bien gérer les intérêts qui leur étaient confiés, ils ouvrent la lettre.

« Que trouvent-ils dans cette lettre ? Je vous le dirai, ou plutôt vous le savez. Mais, auparavant, sachez que, quand je demandai au capitaine Guzman de me communiquer la lettre, voici la réponse qu'il me fit, avec une délicatesse qui l'honore :

« Mais, monsieur le président, cette lettre ne m'appartient pas ! »

« La Commission des marchés fut d'avis qu'on ne devait pas plus longtemps presser une conscience délicate, et il fut décidé qu'on demanderait la lettre au colonel Deshorties. Il voulut bien la remettre ; mais s'il avait refusé, je me serais servi du pouvoir que vous m'avez conféré, et je l'aurais saisie.

« Le colonel Deshorties consent à la livrer. Vous l'avez tous lue, mais je dois la relire :

« Bordeaux, 13 janvier 1871.

« Monsieur W. Saint-Laurent,

« Par l'initiative inqualifiable de M. Des-
« combes, membre de la Commission de
« défense, et à l'insu de la Commission, une

« dépêche annulant votre marché a dû vous
« être envoyée avant-hier.

« Dans la séance de ce jour, qui sera la
« dernière, la Commission, réunie sous ma
« présidence, qualifie sévèrement la conduite
« de M. Descombes, et prie le ministre de la
« guerre d'envoyer une contre-dépêche et de
« maintenir le marché. Cette décision est for-
« tement motivée.

« Si, contre mon attente, vous ne receviez
« pas de contre-dépêche, maintenez les clauses
« de votre marché et poursuivez hardiment
« le gouvernement de la capitulation natio-
« nale ; c'est ainsi qu'on l'appelle aujourd'hui.
« Ce conseil, je vous le donne personnelle-
« ment et sans aucune immixtion de la Com-
« mission. Ne l'oubliez pas. » (*Mouvement.*)

« Ainsi, vous êtes colonel de l'armée; au
lieu de prendre fait et cause pour votre gouvernement avec un honnête homme, M. Descombes; au lieu de l'instruire de toutes les
fraudes et de tout ce qui s'est passé qui devait
éclairer votre religion, ce n'est pas la cause

de votre gouvernement que vous épousez,
c'est celle des contractants, et vous dites :
« Poursuivez hardiment le gouvernement de la
capitulation nationale. » Vous, qui affectez
devant la Commission une sorte d'indignation théâtrale, parce que M. Descombes est
allé, en dehors de la Commission, prévenir le gouvernement, vous vous entendez avec
ceux qui ont contracté et vous croyez que ce
n'est pas vous qui avez subrepticement agi ;
et vous croyez que ce n'est pas sur vous que
tombera le blâme de tous les honnêtes gens !
Je l'ai exprimé dans la Commission des marchés, et j'ai la ferme confiance que l'Assemblée ne me démentira pas. » *Très-bien ! très-
bien ! à droite.*

Nous avons tenu à reproduire *in extenso*
cet extrait du discours du président de la
Commission des marchés, parce que nous
allons avoir à en reparler.

Notre pauvre nature humaine est ainsi
faite, que ce témoignage éclatant de probité
et d'intelligence fit plus d'ennemis à Guzman
que tous les services qu'il avait rendus à

l'Empire. Les ennemis jurés de la Commission des marchés englobèrent Guzman dans leur haine, et ils manœuvrèrent si bien que la bonne volonté du ministre de la guerre lui-même fut paralysée, et qu'aucune des propositions faites en faveur du capitaine Guzman, tant par le ministre de l'intérieur que par le président de la Commission des marchés, ne put aboutir; nous allons en donner des preuves.

Le lieutenant-colonel Deshorties fut d'abord mis en non-activité par retrait d'emploi, puis invité d'office à faire valoir ses droits à la retraite, à laquelle il fut admis par décret du 28 décembre 1872. Pensant peut-être se sauver aux dépens de Guzman, M. Deshorties porta plainte contre celui-ci, demandant qu'il fût traduit en conseil de guerre pour abus de confiance, parce qu'il avait ouvert et donné à la Commission des marchés la lettre qu'on a lue ci-dessus. L'autorité militaire fut assez faible, après ce qui s'était passé, pour ne pas jeter purement et simplement cette plainte au panier. Les prescriptions du Code de justice militaire suivirent leur cours ; le colonel du 16ᵉ régiment d'artillerie (pontonniers) fit l'enquête sommaire, et le général commandant à Marseille rendit l'ordonnance de non-lieu suivante :

« Le général commandant la 9ᵉ division militaire, vu l'article 99 du Code de justice militaire, attendu que M. Guzman, capitaine au 16ᵉ régiment d'artillerie (pontonniers), est inculpé d'abus de confiance par abus de dépôt au préjudice de M. le lieutenant-colonel d'état-major Deshorties, auteur de la plainte ;

« Attendu qu'il résulte des explications fournies par l'inculpé et des renseignements donnés par son chef de corps, qu'en ouvrant une lettre qui ne lui était pas destinée, il n'a fait que céder aux devoirs et aux exigences de sa position, et n'a commis aucun délit, déclare que, dans l'état, il n'y a pas lieu à information.

« Fait au quartier général, à Marseille, le 5 janvier 1873.

« *Signé :* ESPIVENT DE LA VILLEBOISNET. »

On remarquera que cette ordonnance de non-lieu ne vise même pas les débats solennels de l'Assemblée nationale, d'après lesquels, nous le répétons, la plainte de M. Deshorties eût dû être mise au panier.

Cette fois, Guzman ne s'inquiéta guère de cette plainte ; mais on était à l'époque où s'établissent les tableaux d'avancement, et il fut légitimement étonné de ne pas se trouver sur celui de l'artillerie. Comme il était personnellement connu du général de Cissey, alors ministre de la guerre, il lui écrivit une lettre particulière ; en réponse, Guzman reçut la jolie aspersion d'eau bénite suivante :

« *Ministère de la guerre.*
État-major général. — Cabinet du ministre.

« Versailles, le 24 janvier 1875.

« MON CHER CAPITAINE,

« M. le ministre de la guerre a entretenu M. le général Forgeot de votre situation, et il me charge de vous informer que c'est à tort que vous croyez avoir été écarté du tableau d'avancement, en vertu d'une mesure générale appliquée à tout officier ayant signé un engagement avec l'ennemi.

« Le Comité d'artillerie n'a adopté aucun principe général d'exclusion ; il a examiné avec soin les titres des officiers présentés pour le grade supérieur, et s'il a jugé que votre tour n'était pas encore arrivé, sa décision ne met pas en doute la valeur des services que vous avez rendus.

« Il faut donc que vous combattiez la fâcheuse impression sous laquelle vous vous trouvez, et que vous preniez patience, bien persuadé que vos titres ne seront pas méconnus.

« Recevez, etc.

« *Le général, chef d'état-major général et chef du cabinet,*

« *Signé :* HARTUNG. »

Du régiment des pontonniers d'Avignon, le capitaine Guzman, par lettre de service du 24 juillet 1873, fut envoyé prendre le com-

mandement de la 14ᵉ batterie du 26ᵉ régiment d'artillerie, d'où il passa au 31ᵉ, au moment de la formation des corps d'armée et
de deux régiments d'artillerie par corps d'armée. C'est dans cette position qu'il fut nommé
chef d'escadron, par décret du 28 janvier 1875,
et classé le même jour au 35ᵉ régiment, appartenant au 11ᵉ corps d'armée.

CHAPITRE VIII

*Guzman passa chef d'escadron à l'ancien-
neté!* Pour un comble, en voilà un assez
réussi. Nous sommes de ceux qui pensent
que l'instruction, le savoir, toutes les qualités enfin qui assurent la domination d'un
homme sur les autres, sont indispensables au
commandement militaire. Mais si ces conditions sont nécessaires, elles ne sont pas suffisantes ; il y a une qualité qui domine toutes
les autres : c'est la possession de soi dans
les moments solennels, à l'heure suprême.
Une vérité banale, c'est que le duel ne ressemble guère à l'assaut de la salle d'armes ; il
est bon, lorsqu'on va sur le terrain, d'avoir
l'habitude de l'escrime ; mais qu'importent

les années de salle, si le sang-froid vous fait
défaut ? La bataille ne ressemble pas davantage à l'exercice du terrain de manœuvre ; et
qu'importe qu'une tête soit richement meu-
blée, si celui qui la possède la perd au premier
sentiment de responsabilité ?

Qu'on ne voie pas dans ce que nous disons
autre chose que ce qu'il y a ; il n'est pas question ici de poltronnerie, il s'agit de la pensée
exprimée par ce vers :

Tel brille au second rang, qui s'éclipse au premier.

Le facteur *sang-froid à la guerre* doit avoir
le plus fort coefficient dans l'avancement au
choix. Certes, nous ne pensons pas que l'adversaire le plus acharné de Guzman puisse
lui contester l'instruction et le savoir les plus
étendus. Le calme au feu ? Il avait fait ses
preuves en Chine et à l'armée de Sedan. Que
lui manquait-il donc ? L'entregent et la sou-
plesse de conscience qui existent plus qu'on
ne croit chez bien des gens, qui se croient
honnêtes parce qu'ils ne commettent pas eux-
mêmes de malversations, mais qui, par esprit

de particularisme, se refusent à voir les malversations qui se font derrière eux.

Notre opinion est faite de longue date :
l'avancement au choix dans une hiérarchie
militaire qui a la guerre exclusivement pour
but, basé sur la seule instruction des candidats, est absolument insensé, d'abord parce
que la jauge du savoir est impossible, ensuite
parce que ce savoir ne prouve encore rien à
lui seul pour le cas de guerre. Aussi, en temps
de paix, c'est-à-dire en dehors du cas de
récompense pour faits de guerre, ou d'avancement par suite d'événements de guerre, nous
n'admettons d'avancement au choix que par
sélection sur la liste d'ancienneté ; encore
faut-il que ce choix soit incontesté. Si l'on
nous dit que cette dernière condition est
irréalisable, nous répondrons qu'il est, à notre
avis, un moyen bien simple.

Le moyen de justifier l'avancement au
choix, et ce moyen nous paraît utile surtout
dans un État démocratique, où la preuve doit
être toujours visible que le mérite seul a
désigné l'élu, ce moyen, disons-nous, est de

publier toujours les états de service des
promus, en regard des états de service de
ceux qui marquent le pas, soit devant lui,
soit à la même ancienneté que lui. En 1867,
nous fîmes un annuaire du corps d'état-major,
dans lequel se trouvaient inscrits tous les services de chacun. Pendant six ou sept ans,
nous tînmes cet annuaire au courant; c'est
même là que nous avons trouvé les services de
guerre du lieutenant-colonel Deshorties. Or,
à chaque promotion, nous ne manquâmes pas
de faire le petit tableau comparatif dont nous
venons de parler entre les services des promus et ceux des compétiteurs qui ne l'étaient
pas. Dire que cela nous ait valu les félicitations
de l'autorité et la reconnaissance des promus,
ce serait peut-être aller un peu loin; mais à
coup sûr, c'était quelquefois bien drôle.

Voilà donc Guzman promu chef d'escadron, l'annuaire sous le bras. Il est placé au
35ᵉ d'artillerie, alors en garnison à Nantes;
mais Guzman fut immédiatement détaché à
Vannes, où sa mère vint le retrouver, et
où ils purent passer quelques années tran-

quilles. Pendant qu'il commandait le déta-
chement d'artillerie de Vannes, la 11ᵉ brigade
d'artillerie fut transportée tout entière de
Nantes à Vannes. La principale raison indiquée fut la facilité d'établir à peu de frais,
dans la lande auprès de Vannes, un champ
de tir d'une grande étendue. Il devait même
être très-facile de faire exécuter sur ce champ
de tir les feux de guerre de l'infanterie. De
fait, l'artillerie a acheté un terrain de huit
kilomètres de long, sur lequel il était en
effet bien facile de placer les deux armes
à côté l'une de l'autre, pour exécuter leurs
tirs.

C'était trop simple ; le côté le plus près de
Vannes a été choisi par l'artillerie ; il n'a que
cinq cents mètres de large, et, à cet endroit,
le champ de tir s'appelle le camp de Meucon.
C'est là que sont établies les batteries, et c'est
de là que l'on tire dans la direction de l'autre
extrémité. A l'autre extrémité se trouvait
un hameau nommé Coulac, qu'on a acheté
aussi et qu'on a attribué à l'infanterie. Là, le
champ de tir se nomme le camp de Coulac.

C'est un peu plus loin de Vannes, c'est vrai ; mais qu'importent quelques kilomètres de plus ou de moins pour un fantassin ! On sait qu'une fois lancé, il ne s'arrête plus. Seulement, si tout cela pouvait se faire dans la belle saison, il n'y aurait pas grand mal ; mais voilà, il y a une difficulté : pendant la belle saison, c'est l'artillerie qui tire, il ne peut donc y avoir personne sur le champ de tir, ce serait trop dangereux. Coulac ne peut donc pas être occupé pendant les tirs de l'artillerie, mais il peut l'être tout à l'aise lorsque ces tirs sont finis. Or, à cette époque, les beaux jours sont généralement passés !

L'artillerie avait acheté dans Vannes un bel hôtel, pour y établir son école de brigade. Voilà qu'au bout d'un an, l'une des moitiés ne peut plus convenir ; on la jette par terre et on la reconstruit solidement, et à neuf. La vieille moitié faisait tache ; donc, l'année suivante, on la renverse à son tour, et on la reconstruit, faisant bien pendant avec la précédente. On a donc acheté un hôtel rien que pour le terrain ; c'est bien toujours nominalement le même hôtel, mais à la façon du couteau de Jeannot.

En 1877, Guzman est proposé pour officier de la Légion d'honneur; franchement il était un peu temps de songer à lui. Nous avons vu que, pendant l'expédition de Chine, et pour faits de guerre, il avait été : 1° promu capitaine le 16 août 1860; ce qui d'ailleurs lui avait fait perdre deux jours d'ancienneté de grade, sur le rang qu'il aurait eu s'il fût resté en France, car il eût été promu à l'ancienneté le 14 août; 2° nommé chevalier de la Légion d'honneur, par décret du 19 février 1861.

Ce dernier décret étant du commencement de l'année, et les Comités ne se réunissant qu'à la fin de l'année pour examiner les propositions faites à l'inspection générale, il résulte de là qu'il y avait dix-sept ans que personne n'avait songé à Guzman pour une récompense, malgré tout ce qu'il avait fait dans cet intervalle. Le Comité d'artillerie maintint sa proposition à l'unanimité, cependant sans lui faire gagner aucun rang ; en sorte que ce n'est que par décret du 12 juillet 1880 que Guzman

fut nommé officier de la Légion d'honneur ; il
avait près de vingt ans de grade de chevalier.
Certainement il y a des officiers, même dans
les grades élevés, qui ne sont que cheva-
liers ; mais ceux-là, ce sont les malins. Généralement ils se font décorer pendant qu'ils
sont capitaines, parce qu'à ce grade il faut
quatre ans pour passer au grade supérieur, et c'est bien long sans rien obtenir.
Mais généralement ils ne courent pas après
les décorations, qui viendront forcément
avec les grades. Lamoricière était général
de brigade, qu'il n'était encore que chevalier.

Faut-il attribuer la désignation suivante au
changement du personnel des bureaux, ou
bien, au contraire, l'esprit des bureaux est-il
immuable, et savent-ils toujours où il faut
aller frapper quand ils ont besoin d'intelligence et de dévouement, sans oublier quelle
direction il faudra ensuite donner aux récom-
penses pour qu'elles continuent à ne pas aller
à celui qui les a gagnées ? Par décision ministérielle du 8 juillet 1881, Guzman fut nommé

sous-directeur d'artillerie de la place de Verdun, une des plus importantes de notre frontière de l'Est. Cet emploi est toujours occupé
par un lieutenant-colonel; Guzman était donc
fondé à espérer que l'injustice et l'ingratitude
allaient cesser de le poursuivre, puisque sa
désignation pour Verdun semblait indiquer
le maintien de la proposition pour ce grade.
proposition dont il était l'objet depuis deux
ans. Hélas! l'illusion ne fut pas longue.

En 1881, Guzman avait passé deux inspec-
tions générales, l'une à Vannes, l'autre à
Verdun. Dans les deux il avait été, comme
l'année précédente, proposé pour lieutenant-
colonel. Lorsque le Comité d'artillerie se
réunit pour le classement des propositions,
le général président, qui connaissait Guzman,
dit à ses collègues, avant la séance du classement des propositions pour le grade de
lieutenant-colonel : « Et ce pauvre Guzman,
il faudra le faire passer cette année. » Ces
paroles parurent recevoir un assentiment général; mais lorsqu'on dépouilla le scrutin, il
manqua une voix à ce pauvre Guzman pour

arriver au tableau, et cette voix absente était précisément celle du général qui l'avait patronné avant la séance !

Cette fois, ce fut la goutte d'eau qui fait déborder le vase.

Guzman avait fait, pour le service de l'État, des voyages dont la somme représente plus de quarante mille lieues en mer. Qu'en avait-il retiré? Le ministre de l'intérieur, d'abord; le président de la Commission des marchés, ensuite, celui-ci au nom de la Commission tout entière, l'un et l'autre comme chefs de Guzman, puisqu'il avait été mis successivement à leur disposition, firent les propositions les plus instantes et les plus régulières afin que leurs éloges si noblement mérités fussent sanctionnés par la croix d'officier de la Légion d'honneur. Le général de Cissey, alors ministre de la guerre, promit bien; mais nous n'étions pas encore à l'époque où le ministre se décidait enfin à donner des ordres à ses bureaux et aux comités d'armes, et où il inscrivait d'office sur les tableaux d'avancement les officiers qui l'avaient mérité, et même quelquefois d'autres. Le résultat fut qu'on éloigna Guzman de Paris et que, le tenant pour impérialiste, on crut lui jouer un bon tour en le mettant dans le régiment de pontonniers d'Avignon, que, on n'a jamais pu savoir pourquoi, la direction d'artillerie considérait comme un repaire démagogique. Il en résulta simplement qu'au bout d'un mois, les officiers des pontonniers ayant pu apprécier à sa valeur leur nouveau camarade et peser tous les actes de sa carrière, le tenaient en profonde estime et prirent énergiquement son parti dans les deux affaires du conseil d'enquête pour le revers, et de la plainte Deshorties. Ses missions ne lui avaient donc rapporté que l'animadversion des bureaux.

En 1878, le général commandant l'artillerie du 11ᵉ corps d'armée à Vannes proposa Guzman pour l'emploi de chef d'état-major de la brigade d'artillerie; il fit même le voyage de Paris pour obtenir cette nomination. Le ministère nomma un autre officier.

En 1880, l'emploi de secrétaire de la Commission de défense des côtes étant vacant, le général président du Comité de l'artillerie proposa Guzman pour cet emploi. Le ministre, alors général Farre, nomma un autre officier.

Enfin en 1881, nous venons de le voir, tout le monde au comité est d'accord pour mettre Guzman au tableau des propositions pour le grade de lieutenant-colonel, et, au vote, il reste sur le carreau.

Alors se repliant sur lui-même, il considéra cette persévérance implacable à le mettre de côté après s'être servi de lui ; il vit sa santé fortement ébranlée, sa mère qui avait besoin de ses soins ; il prit la détermination de demander sa retraite. Lorsque cette détermination fut connue, bien des efforts furent faits pour le faire revenir sur sa décision et lui faire retirer sa demande, efforts bien louangeurs pour lui. Mais ces efforts n'étaient pas faits par l'autorité qui avait le pouvoir de réparer le mal fait. Son colonel alla à Paris, où il lui fut répondu : « Que Guzman retire sa demande de retraite, nous verrons ensuite. » C'était tout vu ; Guzman, bien persuadé que ce serait après comme avant, maintint sa demande, et

il fut retraité par décret en date du 5 mai
1882.

La retraite ne fut pas le repos pour Guzman ; il se mit au contraire avec ardeur à
son travail favori, travail auquel nous consa-
crerons un chapitre. Toutefois, il n'abandonna
pas la collaboration active à notre organisation militaire. Dès son admission à la retraite,
il fut nommé chef d'escadron au 11ᵉ régiment
territorial d'artillerie ; ce fut en cette qualité
que les chefs de corps territoriaux, d'un avis
unanime, l'appelèrent à faire partie de leur
réunion, lorsqu'il s'agit de déterminer l'instruction à faire aux officiers territoriaux, dans
les conférences d'hiver. Là encore Guzman se
donna tout entier à cette tâche si éminem-
ment utile ; il s'y dévoua même à tel point qu'il
succomba littéralement à la peine. Il voulut
faire lui-même plusieurs conférences, mais
ses forces trahirent sa volonté, et il fallut en
pleine séance qu'il renonçât à la parole, et l'on
dut l'emporter chez lui. Ce fut son dernier
effort public ; le mal le terrassait, et il dut se
réduire au rôle de conseil dans les réunions

des chefs de corps territoriaux. Plût à Dieu
qu'il y fût encore !

C'est à son intervention auprès de son camarade de promotion, M. le colonel de Bange,
qu'est due la condescendance gracieuse du
colonel, de venir faire aux officiers territoriaux une conférence sur le nouveau matériel
d'artillerie.

La vaillante mère de Guzman, habituée
depuis longtemps à veiller sur son fils et à le
défendre contre la maladie, chaque fois que
celle-ci l'attaqua, lutta énergiquement jusqu'à
la dernière minute. Dans l'hiver de 1885-86,
cette mère mena son fils à Pau, espérant y
trouver un soleil vivifiant que son espoir appelait de toutes ses forces. Mais l'heure était
marquée, et le 7 mai 1886, Pierre Guzman,
ayant conservé jusqu'au dernier moment toute
sa lucidité d'esprit, s'endormit dans les bras de
sa mère, pour ne plus s'éveiller que du grand
réveil de la vie.

CHAPITRE IX

Parlons de Guzman intime. Une pareille
nature a longuement médité ; sa sensibilité
s'est concentrée en lui-même devant toutes
les blessures qu'il a reçues de ce qu'il a vu et
subi, et il s'est replié sur lui-même dans les
trois grandes sensations qui forment au total
la raison et le but de la vie : l'amour, le devoir, l'avenir.

L'AMOUR. Guzman l'idéalise absolument. Il
chante son premier amour, cet amour de
quinze ans qui poétise tant celle qui en est
l'objet ; une robe blanche, aperçue au passage, le dimanche en allant à l'église ; celle qui
la porte possède toutes les vertus ; elle est la
plus belle entre les belles, elle sera toujours

belle et toujours jeune! Désillusionné de la
vie, il retrouve son rêve de quinze ans et s'y
complaît comme au début de l'existence, car
le cœur ne vieillit pas ; il plaint ceux qui n'ont
pas eu d'amour à quinze ans, et il a bien raison. Cet amour pour un objet qui doit être
éternellement chaste et jeune est un besoin si
grand, il est si universel, que certainement
lui seul a créé la légende et le culte de la
Vierge Marie. Nous n'irons pas plus loin sur
ce sujet ; nous ne pourrions que déflorer les
pensées de Guzman, les froisser en continuant.
Tous les gens de cœur, tous ceux qui ont eu
une jeunesse réelle, tous ceux qui croient à
autre chose qu'au succès quand même, nous
comprendront et nous approuveront ; l'opinion des autres, quels qu'ils soient, nous est
absolument indifférente.

Le devoir. Guzman le dépeint en ces
termes :

« L'homme qui embrasse avec cœur le mé-
tier des armes doit se plier à toutes les exigences de cette profession, qui est si belle,
parce qu'elle suppose l'abnégation absolue

de la volonté et de la vie, les deux choses
auxquelles, en général, les hommes tiennent
le plus. Si le soldat doit à son chef, quel qu'il
soit, l'obéissance et le respect, le supérieur
doit, de son côté, toujours se souvenir que ce
n'est que par un dévouement obscur, pénible
et constant, qu'il obligera ses inférieurs à l'estimer. Quelque différence que le grade mette
dans les conditions, n'oubliez jamais que le
mérite ne mène pas seul aux honneurs, et qu'il
y a dans chaque homme un fond indépen-
dant de tous les hasards qui peuvent le pousser ou lui être défavorables ; n'oubliez jamais,
en commandant, que cette abnégation, que
ce sacrifice de l'intelligence pour obéir, sont
plus précieux que les qualités ou le faible
talent que vous pouvez avoir. Respectez la
dignité de l'homme qui est sous vos ordres,
tout en vous mettant à sa portée ; cultivez en
lui le sentiment du devoir. Par l'exemple de
votre désintéressement, de votre zèle, de votre
patience, vous éveillerez chez le soldat ce dévouement sublime qui le jettera au-devant du
coup qui vous était porté ! Au milieu d'une

bataille, si vous tombez mourant dans leurs bras, vos hommes vous donneront, par leurs regrets et leur amour, votre plus belle récompense, celle à laquelle vous devez aspirer, et celle que je vous souhaite ! »

Oui, certes, Guzman a bien raison: c'est un cruel sacrifice que celui de la liberté à l'obéissance ; et si la réalité ne justifie pas toujours le sacrifice, les apparences elles-mêmes lui manquent souvent. Aussi, celui qui se retire désillusionné regrette bien rarement sa décision, même lorsque plus tard il voit ses anciens camarades monter au mât de cocagne de la société. A quel prix n'ont-ils pas acheté leur succès ! Ce succès est-il d'ailleurs si enviable ? Les années qui viennent de s'écouler, et qui ont conduit les heureux d'aujourd'hui au triomphe éphémère d'un jour, ont été passées par les autres dans la jouissance de cette liberté, le plus précieux des biens. Si l'on joint au sacrifice de ce bien la certitude que, pour un motif quelconque, et quoi qu'on puisse faire, ce sont les autres qui monteront et que, soi, on les regardera passer, il n'y a pas l'ombre d'un regret à avoir. Aussi notre conviction est-elle que chercher à faire une carrière de la position du sous-officier est une pure utopie : les couvrît-on d'habits d'or et de soie, les avantages ne valent pas le sacrifice éternel de la liberté ! Qu'on relise la fable de la Fontaine : *le Chien et le Loup*.

L'AVENIR. Guzman le pressent par une théorie et une question. Voici ce qu'il dit :

« Toutes les sensations de l'homme proviennent de vibrations. Dans l'ordre matériel, nous pouvons diviser ces vibrations en trois grandes classes, qui correspondent à nos trois sens principaux : la vue, l'ouïe, le toucher (l'odorat, le goût et le sixième sens, modification du toucher). Le mouvement, c'est la vie ; la cause du mouvement, c'est la force ; cette force, nous l'appelons Dieu. Le mouvement et les forces qui en sont la cause sont assujettis à des lois fixes.

« L'âme est immatérielle ; quelle que soit d'ailleurs sa nature, l'impression lui est transmise immédiatement par le mouvement. On peut dire que le mouvement est l'agent immatériel qui relie l'âme avec les réalités du dehors, ou qui unit deux âmes entre elles.

« Il y a des vibrations dans l'ordre intellectuel comme dans l'ordre matériel. Un autre milieu, un éther plus pur sert sans doute à les transmettre (c'est une hypothèse pour exprimer l'action des regards, celle des gestes, le magnétisme animal, les relations entre les âmes, l'influence de la musique sur l'âme).

« Nous ne savons pas exactement où est placée l'âme. Mais, quelque part qu'elle soit, nous savons que les vibrations lui sont communiquées instantanément par l'intermédiaire des nerfs. Il est assez naturel d'en conclure que son siége principal est dans la tête. »

Ici Guzman nous paraît confondre la cause avec l'effet. Que la loi du mouvement universel, connue sous le nom de gravitation universelle, soit celle qui préside à tous nos mouvements, grands et petits, cela ne fait doute pour personne. Mais l'erreur consiste, à notre avis, à faire mettre l'âme en mouvement par le corps, tandis que ce doit être absolument l'inverse ; le corps ne se meut que par l'impulsion que lui donnent les volontés de l'âme. Faire résider l'âme dans une partie spéciale du corps, c'est la rendre étrangère aux actions des autres parties, qui alors peuvent agir sans frein ni règle. Il est impossible de la localiser dans un membre, car alors la perte de ce membre ferait de l'amputé un corps sans âme ; il faut de toute nécessité, si on la localise, la placer dans l'un des deux organes indispensables à la vie : le cœur ou le cerveau. Comment alors fera-t-elle agir l'organe où elle n'est pas placée ?

Guzman choisit le cerveau, parce que là réside l'intelligence ; et, par une étrange inconséquence, notre ami, doué d'un cœur qui est une vraie sensitive ardente à reconnaître la moindre preuve de sympathie, ayant à choisir entre le cerveau qui vieillit et le cœur qui ne vieillit pas, choisit précisément le cerveau.

Guzman n'a évidemment pas étudié la philosophie spirite, qui, si elle ne nous donne pas la vérité, est certainement celle qui s'en rapproche le plus. Pourquoi donner à l'âme une forme spéciale et tellement réduite qu'elle

puisse ètre contenue dans l'un de nos organes ?
Pourquoi la ramener à ces images dans lesquelles les peintres représentent les anges
comme des têtes sans corps et avec des ailes ?
Ce que la doctrine spirite nous donne comme
vrai est au moins fort vraisemblable. L'âme,
formée d'une matière invisible à nos yeux, ce
qui n'est pas difficile à admettre, puisque nous
ne pouvons voir ni l'air ni les gaz dont nous
nous servons, a une forme générale analogue
à celle du corps, auquel elle est liée indisso-
lublement, tant que ce corps vit.

Le corps est l'instrument qui sert à l'âme
pour manifester ses actions. Ces actions sont
donc la résultante à la fois du degré d'avancement de la volonté et du degré de perfec-
tion de l'instrument. Si une âme très-avancée
a pour instrument un corps imparfait, dont
une partie, le cerveau si l'on veut, soit détra-
quée, elle ne pourra produire que des actions
désordonnées.

Quelques jours avant sa mort, Guzman disait
à sa mère : « Gardons-nous notre individualité ? » Il pensait, à ce moment, au grand réveil

de la vie, qu'il sentait venir. Ce doute, qui nous
vient assez généralement à la fin, indique-
t-il un affaiblissement de nos sens, c'est-à-dire
une usure de l'instrument chargé de manifester nos sensations ? Est-ce encore une communication avec le monde invisible, dont
nous ne comprenons pas le sens, comme nous
l'avons dit pour les pressentiments ? Nous le
croyons; car si la vérité est relative, l'absurde
est absolu.

Que serait en effet la perte de l'individualité, sinon la négation même de l'existence
immatérielle ? A la fin de ce que nous appelons la vie, nous serions tous reversés dans un
immense Tout, dont le rôle est impossible à
comprendre et à définir; il n'y aurait alors
aucun lien immatériel entre les existences,
dans une planète, des hommes de tous les
âges, aucune relation entre les incarnations
des êtres immatériels dans les diverses planètes.

Être versés dans un Tout, comme une goutte
d'eau dans la mer ! A quoi bon l'existence ?
Être extrait de ce Tout, au moment de la nais-

sance ou de la conception, c'est mettre une puissance supérieure à la merci de l'acte de la procréation sur les planètes; c'est donner à cette puissance pour occupation unique d'être éternellement attentive aux conséquences d'une action qui n'est pas toujours honnête. Nous verser, à la fin d'existences inégales de toutes façons, dans ce même Tout, ou nous confiner, pendant l'éternité, dans une contemplation béate et bête, comme conséquence de cette seule existence, c'est tout un. Le sommeil, image de la mort, serait donc le néant de notre vivant?

Comment pourrait se faire le progrès matériel et moral, qui, quelle qu'en soit la lenteur à nos yeux, est indéniable chez l'homme, et n'existe pas chez les animaux? Quelle serait la justice de la prédestination, cette autre forme du pressentiment, si, avec la variété infinie des existences en durée et en bien-être, chacun de nous n'avait qu'une seule incarnation sur une planète qui est tout au plus dans l'univers ce qu'un grain de sable est sur la terre? La prédestination existe-t-elle? et alors

où est la justice? La prédestination est peu
niable, car elle est partout; depuis le commencement du monde, il y a des gens annon-
çant l'avenir, et, depuis la même époque, les
peuples y ont cru instinctivement, les simples
carrément, et les forts en cachette; tous
exploités par des farceurs. Qu'est-ce que cela
prouve? Si l'avenir peut être annoncé, peu ou
beaucoup, c'est qu'il est écrit. Qu'est la chiro-
mancie, sinon une science qui se prétend basée
sur cette prédestination écrite sur notre main
et que notre seule ignorance nous empêche
de lire?

Avec la prédestination, où est la justice?
Elle est précisément dans la conservation de
notre individualité, après les incarnations successives dans les diverses planètes de l'univers, où l'habitant est plus ou moins matériel
de corps et plus ou moins avancé moralement.
Sans cela, l'injustice absolue serait en ce que
chacun de nous, créé au moment de l'acte
volontaire d'un autre homme, aurait à subir
une épreuve dure ou une vie très-douce, et
pour conclusion le même résultat : le néant,

ou, comme nous l'avons dit, une extase éternelle, niaise et improductive, ce qui ne fait qu'un avec le néant.

La liberté? elle crève les yeux. Est-ce que lorsque nous mettons un enfant au collége, nous ne l'y mettons pas à jour fixe pour l'en retirer dix mois après? Est-ce qu'il n'est pas libre d'y travailler ou de ne rien faire? Il n'en faudra pas moins qu'il en sorte à jour fixe, et qu'il rende compte du travail qu'il aura fait, ou de la paresse qu'il aura montrée. La limite fixée à son séjour dans le pensionnat lui enlève-t-elle la liberté du travail? Chaque année lui impose une épreuve différente, mais toujours dans une période fixée; ce n'est qu'à la fin de ces périodes successives que son instruction générale est terminée; alors il faut, non pas se reposer, mais travailler toujours pour son instruction, ou, si l'on aime mieux, pour la lutte de la vie. Que l'on regarde bien, personne n'est stationnaire dans l'existence : il faut monter ou descendre; il n'y a pas de milieu, la loi est universelle, visible et inéluctable.

Mais, dira-t-on, nous tombons dans l'hypno-
tisme. Si d'avance l'épreuve et son résultat
nous sont imposés, non-seulement il n'y a pas
de liberté individuelle, mais encore il ne peut
pas y avoir de responsabilité. Ainsi, celui qui
doit commettre un crime et périr sur l'écha-
faud n'a pas été libre de ne pas commettre ce
crime? Ce n'est pas là notre pensée. La possibilité du crime lui a été imposée comme
épreuve; à lui de lutter pour sortir triomphant
de cette épreuve. Certes, le milieu et le temps
où il vit lui sont un grand aide pour triompher
ou bien pour le pousser à la défaillance ; mais
n'oublions pas que si, dans le monde matériel, tout se tient par la loi de la gravitation
universelle, tout se tient certainement aussi
dans le monde moral, et le progrès universel
ne peut résulter que d'une marche lente et
invariable des intelligences. Le progrès n'a
de limites que par rapport à la planète dont on
parle, s'il en a.

La marche du progrès est lente, et ceux qui
demandent un nouveau Juvénal pour peindre
notre société n'ont certes qu'à relire les sa-

tires pour y voir notre propre époque. Mais
la marche matérielle du monde est aussi fort
lente ; il est même bien remarquable que le
progrès matériel soit beaucoup plus rapide
que le progrès moral. Il est vrai qu'il a lieu
partout à la fois et par poussées vigoureuses,
lorsque l'heure est venue. Peut-être en sera-
t-il de même du progrès moral ; mais son
heure nous paraît, hélas ! bien loin encore !

Notre ignorance ? Quelle preuve plus grande
en veut-on que nos idées sur la manière
d'agir de la gravitation ? Quel savant s'est
lancé résolûment à la recherche du moyen
mécanique par lequel cette gravitation universelle agit ; et les aérolithes, que l'on fait périodiquement tomber du ciel ou sortir de la
terre, par séries de demi-siècles, en envoyant
aux Petites-Maisons ceux qui ne croient pas à
l'opinion du monde prétendu savant ? Lorsque
nous étions sur les bancs de l'école, les aérolithes tombaient du ciel, et nous eussions été
lapidés si nous nous fussions jamais permis de
nous révolter, comme nous le faisions inté-
rieurement, sur cette infraction à la loi

générale des corps. Heureusement la période suivante est commencée, et M. Flammarion vient de jouer à l'Institut le mauvais tour de lui montrer que les aérolithes ne tombent pas du ciel.

Nous répondons donc, sans hésiter, à la pensée de Guzman : Gardons-nous notre individualité ? Oui, nous la gardons, car sans elle c'est le néant intellectuel, tout comme si les mondes venaient successivement à s'éteindre ou à s'arrêter; ce serait le désordre, le chaos, le néant matériel, et la création du monde serait à recommencer. C'est précisément parce que nous gardons cette individualité, que nous tenons tant, comme l'a dit plus haut Guzman, à la liberté et à la vie : la liberté qui nous laisse la possibilité de remplir à notre guise le mandat ou l'épreuve qui nous sont assignés; la vie, parce que c'est la durée qui nous permet de rattraper les erreurs commises dans l'exécution du mandat ou l'accomplissement de l'épreuve. Le doute sur l'au delà de la vie est indispensable; sans lui, nous aurions tôt fait de nous soustraire aux épreuves trop pénibles.

Il est à remarquer que jamais l'homme n'a mis en doute l'existence de l'âme ; certains doctrinaires de notre époque en doutent par exagération des principes de l'École qui, avec raison, veut voir et se rendre compte de toutes choses. Mais ne vouloir admettre que ce que l'on voit, ou ce que l'on sait ou croit savoir, c'est admettre cette étrange prétention que nous soyons à l'apogée de la science, à la connaissance de la vérité tout entière, et que l'avenir n'ait plus rien à trouver.

Deux civilisations anciennes, en admettant comme incontestable l'existence de l'âme, avaient des idées opposées sur sa destinée ultérieure, tout en admettant l'une et l'autre, ce qui est très-probable, que la liaison de l'âme au corps et leur séparation ne sont ni l'une ni l'autre instantanées, mais, au contraire, suivent les phases de la constitution du corps et de sa destruction. La civilisation égyptienne, pensant que l'âme, après la mort, retourne dans un grand Tout intellectuel, embaumait le corps, pour le conserver le plus longtemps possible, afin de prolonger le plus possible aussi l'existence individuelle de l'âme, en retardant l'anéantissement du corps auquel elle était liée. La civilisation romaine, convaincue que l'âme conserve son individualité après la mort, brûlait les corps, afin d'aider, en anéantissant le corps, au dégagement de l'âme et lui faciliter ainsi la possibilité de se détacher au plus vite de son lien matériel. Notre civilisation tend bien à brûler les corps, mais c'est par hygiène.

Après le décès de ce fils adoré, et conformément au désir qu'il en avait manifesté dans son testament, sa mère a donné aux amis de Guzman une partie des objets qui composaient son musée de Chine et du Japon. Mais pour perpétuer la mémoire de celui qui, pendant toute sa vie, fut son unique pensée, madame Guzman a donné au musée de la ville de Vannes des tableaux qui lui appartenaient à elle, et un certain nombre d'objets de Chine. Les documents suivants feront apprécier l'importance de ce don.

« Département du Morbihan. — Ville de Vannes.

« CONSEIL MUNICIPAL.

« *Séance extraordinaire du 19 septembre 1886.*
(Extrait du registre des délibérations.)

« Présidence de M. BURGAULT, maire.

« Étaient présents :

« MM. Houeix et Salmon, adjoints; Vincent, Peyron, Criaud, Marin, Lefeuvre, Miaux, Le Toumelin, Bourhis, Placier, Leblond, Mellette, Guyot, Le Mouel, Brohan, Foloreil, Prulhière, Pédron, Templer, Morio-Guillevic, Blanpain.

« Le maire expose au conseil que madame veuve Guzman, qui a demeuré six ans à Vannes, où elle a laissé les meilleurs souvenirs, s'est intéressée à notre musée des Beaux-Arts, dès qu'elle a su que nous venions de l'installer.

« En souvenir de son fils, le chef d'escadron d'artillerie Guzman, qu'elle a eu le chagrin de perdre depuis qu'ils ont quitté notre ville, elle nous offre des tableaux d'un mérite réel aux yeux de toutes les personnes qui les ont vus, et en particulier de M. Paul Leroi, rédacteur du journal *l'Art,* l'un des critiques les plus sévères et des juges les plus autorisés des œuvres artistiques.

« Ces tableaux sont :

« 1° Un grand ovale peint à l'huile, de quatre-vingt-deux centimètres de hauteur sur soixante-cinq de largeur, avec encadrement en chêne sculpté surmonté de la couronne de France (dimension : cent-vingt-sept centimètres sur quatre-vingt-treize), ledit tableau représentant Louis XVI et attribué à madame Vigée Le Brun ;

« 2° Quatre pastels de Jean-Baptiste Vanloo, représentant Louis XV, Marie Leczinska, le Dauphin et Madame Adélaïde, dont les dimensions sont, pour chaque tableau, de quarante-cinq centimètres sur trente-huit, sans l'encadrement, et de soixante sur quarante-neuf centimètres, cadres compris.

« L'envoi par grande vitesse est annoncé.

« Madame Guzman fait remarquer que les bords des pastels ayant été endommagés, ils ont été rognés et encadrés tels qu'ils sont aujourd'hui.

« Elle déclare aussi que le portrait à l'huile n'a jamais été retouché.

« Les seules conditions qu'elle met au don généreux et d'un grand prix qu'elle fait à notre musée, sont les suivantes :

« 1° La ville de Vannes ne pourra jamais disposer, à quelque titre que ce soit, des objets donnés, la propriété n'en étant concédée à la commune qu'avec la destination spéciale d'appartenir toujours au musée.

« 2° En conséquence, les œuvres dont il s'agit seront exposées à perpétuité au musée de Vannes, bien placées et dans le jour qui leur convient, pour en faire ressortir la beauté, et la ville en prendra le plus grand soin pour en assurer la conservation.

« 3° Une inscription, fixée à chaque cadre, rappellera que le don est fait au nom du fils que la donatrice a perdu.

« Il sera passé acte de la convention.

« Le maire ajoute qu'il a cru devoir accepter, sûr de ne pas être désavoué par le con-

seil municipal. L'acte à passer sera naturellement dans la forme administrative et revêtu
de l'approbation de M. le préfet.

« Le conseil confirme l'acceptation du
maire et le charge de transmettre à madame
Guzman l'expression de sa gratitude et tous
ses remercîments.

« Il autorise M. le maire à accepter définitivement dans les formes requises.

« Le registre dûment signé.

« *Pour extrait conforme.*

« En mairie, à Vannes, le 20 septembre 1886.

« *Le maire,*
« *Signé :* E. BURGAULT.

« *Vu et approuvé.*

« Vannes, le 20 septembre 1886.

« *Pour le préfet,*
« *Le conseiller de préfecture,*
« Signature illisible. »

A la suite de cette délibération, M. le
maire de Vannes a pris l'arrêté suivant et a
écrit à madame Guzman la lettre qui le suit :

« Département du Morbihan. — Ville de Vannes.

« Le maire de Vannes, chevalier de la Légion d'honneur, officier de l'instruction publique,

« Vu les lettres qui lui ont été adressées par madame veuve Guzman, et spécialement celle portant la date du 17 septembre courant ;

« Vu la délibération du conseil municipal de Vannes, en date du 19 septembre 1886 ;

« Vu la loi du 5 avril 1884 sur les attributions municipales ;

« Considérant que madame veuve Guzman, en souvenir de son fils, chef d'escadron d'artillerie, et des jours heureux qu'ils ont passés ensemble à Vannes, où ils ont demeuré pendant six ans, a eu la généreuse pensée de faire don, à titre purement gratuit, à la ville de Vannes, pour son musée des Beaux-Arts, des tableaux ci-après :

« 1° Un grand ovale peint à l'huile, de quatre-vingt-deux centimètres de hauteur sur soixante-cinq de largeur, avec encadrement

en chêne sculpté, surmonté de la couronne
de France (dimensions : cent vingt-sept centimètres sur quatre-vingt-treize), ledit tableau
représentant Louis XVI et attribué à madame
Vigée Le Brun ;

« 2° Quatre pastels de Jean-Baptiste Vanloo, représentant Louis XV, Marie Leczinska,
le Dauphin et Madame Adélaïde, dont les
dimensions sont, pour chaque tableau, de quarante-cinq centimètres sur trente-huit, sans
l'encadrement, et de soixante sur quarante-
neuf centimètres, cadres compris ;

« Que madame Guzman ne met à ce don
d'un très-grand prix que les conditions suivantes :

« 1° La ville de Vannes ne pourra jamais
disposer, à quelque titre que ce soit, des
objets donnés, la propriété n'en étant concédée à la commune qu'avec la destination
spéciale d'appartenir toujours au musée ;

« 2° En conséquence, les œuvres dont il
s'agit seront exposées à perpétuité au musée
de Vannes, bien placées et dans le jour qui
leur convient, pour en faire ressortir la beauté,

et la ville en prendra le plus grand soin pour en assurer la conservation ;

« 3° Une inscription, fixée à chaque cadre, rappellera que le don est fait au nom du fils que madame Guzman a eu la douleur de perdre ;

« 4° Il sera passé acte en forme administrative de la convention ;

« Considérant qu'à sa séance publique du 19 septembre, présente année, le conseil municipal de Vannes a accepté le don et les conditions spécifiées, en chargeant le maire de transmettre à madame Guzman l'expression de sa gratitude et tous ses remercîments ;

« Considérant que madame Guzman fait remarquer dans les notes envoyées par elle que les bords des pastels, ayant été endommagés, ont été rognés et encadrés tels qu'ils sont aujourd'hui.

« Arrête :

« ARTICLE PREMIER. — Le don du portrait à l'huile et des quatre portraits au pastel susmentionnés est accepté définitivement et irrévocablement pour et au nom de la ville de Vannes.

« Celle-ci n'en sera propriétaire qu'aux charges et conditions déterminées ci-dessus, qu'elle s'engage à exécuter religieusement et sans aucune restriction.

« ARTICLE 2. — Copies du présent arrêté et de la délibération du conseil municipal seront affichées dans la galerie où seront placés les tableaux, à l'effet de rappeler le souvenir de la donatrice et de son fils, ainsi que les engagements pris par la commune.

« ARTICLE 3. — M. le premier adjoint au maire et M. le conservateur du musée sont chargés de la mise à exécution du présent arrêté, qui sera soumis à l'approbation de M. le préfet.

« En mairie. à Vannes. le 20 septembre 1886.

« *Le maire de Vannes,*

« *Signé :* E. BURGAULT.

« *Vu et approuvé.*

« Vannes. le 20 septembre 1886.

« *Pour le préfet,*
« *Le conseiller de préfecture,*
« *Signé :* (Illisiblement.) »

« Département du Morbihan. — Ville de Vannes. — N° 283.

« Vannes, le 21 septembre 1886.

« MADAME,

« Je m'empresse de vous transmettre :

« 1° L'expédition de la délibération du conseil municipal prise, dimanche dernier, dans les termes dont nous étions convenus ;

« 2° Expédition de l'arrêté que j'ai pris en vertu de cette délibération pour authentiquer les engagements de la commune.

« Ces deux pièces sont revêtues de l'approbation préfectorale.

« La procédure que j'ai suivie dans la circonstance est la seule qui pût être adoptée. Si vous aviez été à Vannes, ou si vous y aviez été représentée par une personne munie de votre procuration, nous eussions pu passer, en forme administrative, un acte synallagmatique. Mais, en prenant un arrêté, j'ai rendu inutile l'envoi de votre procuration, et lié la ville de Vannes envers vous, tout autant qu'elle l'eût été par un acte que nous eussions signé l'un et l'autre.

« J'ai l'honneur de vous renouveler mes remercîments et de vous prier de croire aux sentiments de respectueuse sympathie du maire de Vannes.

« *Signé :* E. BURGAULT. »

Viennent ensuite les deux délibérations ci-après :

« Département du Morbihan. — Ville de Vannes.

« CONSEIL MUNICIPAL.

« *Séance extraordinaire du vendredi 10 décembre 1886.*

(Extrait du registre des délibérations.)

« Présidence de M. BURGAULT, maire.

« Étaient présents :

« MM. Houeix, adjoint ; Vincent, Peyron, Guérin, Marin, Lefeuvre, Miaux, Le Toumelin, Gibert, Placier, Leblond, Mellette, Guyot, Le Mouel, Brohan, Foloreil, Prulhière, Pédron, Templer, Morio, Guillevic et Blanpain.

« M. Houeix donne lecture des lettres relatives à un nouveau don de madame veuve
Guzman au musée de la ville. Les objets
donnés ne sont plus des tableaux, mais des
choses qui, sans avoir le même mérite artis-
tique que les œuvres auxquelles une place à
part a déjà été assignée dans notre musée,
avec étiquette portant le nom de la même
donatrice, n'en sont pas moins dignes de figu-
rer avec avantage dans nos collections.

« Ils consistent en un manuscrit chinois,
un cloisonné doublé d'or (boîte), un grand
vase porcelaine, porte-chapeau, mandarin chinois, un coffret écaille incrustée, un échiquier
or et pièces curieusement sculpté, une belle
boîte laque rouge du Japon, dragon impérial,
un pot à lait, poterie de la fabrique du prince
Borghèse, à Frascati; masque romain dont on
se sert pour se garer des confetti dans les
jours gras, une coupe taillée en jade blanc.

« Le conseil remercie madame Guzman de
sa générosité, accepte avec reconnaissance et
charge M. le maire de lui en transmettre le
témoignage.

« Le registre dûment signé.

« *Pour extrait conforme,*

« En mairie, à Vannes, le 15 janvier 1887.

« *Le maire,*

« *Signé :* E. BURGAULT.

« *Vu et approuvé.*

« Vannes, le 21 janvier 1887.

« *Pour le préfet,*

« *Le secrétaire général,*

« *Signé :* (Illisiblement.) »

« Département du Morbihan. — Ville de Vannes.

« CONSEIL MUNICIPAL.

« *Séance extraordinaire du mardi 14 juin 1887.*

(Extrait du registre des délibérations.)

« Présidence de M. HOUEIX, premier adjoint.

« Étaient présents :

« MM. Houeix et Salmon, adjoints ; Peyron, Guérin, Marin, Le Toumelin, Jubier, Bourhis, Guyot, Foloreil, Prulhière, Pédron, Templer, Morio, Guillevic, Blanpain.

« Le président rappelle au conseil que

madame veuve Guzman, indépendamment du tableau à l'huile, des pastels et des objets de vitrine dont elle a enrichi le musée, a fait don à la bibliothèque de différents ouvrages de science ayant appartenu à son fils, à la condition que mention de ce don soit inscrite sur chacun de ces ouvrages. Le conseil a déjà accepté ce don, mais son acceptation a été omise aux procès-verbaux.

« Le conseil, à l'unanimité, accepte, au nom de la ville, le don fait à la bibliothèque municipale, et renouvelle ses remercîments à madame veuve Guzman.

« Le registre dûment signé.

« *Pour extrait conforme :*

« En mairie, à Vannes, le 2 juillet 1887.

« *Le maire,*

« *Signé :* E. BURGAULT. »

La ville de Vannes conservera donc le souvenir de Guzman, et le visiteur, en admirant les tableaux et les objets placés dans la salle qui porte son nom, donnera un souvenir pieux à la mémoire de ce travailleur infatigable, de cet ami dévoué, de ce fils admirable.

Madame veuve Guzman a également fait don à la bibliothèque de la Réunion des officiers d'un grand nombre d'ouvrages français et étrangers qui faisaient partie de la bibliothèque de son fils.

Enfin, désireuse de perpétuer par tous les moyens une mémoire si chère, madame Guzman a donné pour le jubilé de Léon XIII des dentelles et des étoffes du Japon d'une valeur considérable, et qui faisaient partie de la collection de son fils.

CHAPITRE X

TRAVAUX DE GUZMAN.

Nous n'avons pas à revenir sur les travaux dont nous avons parlé au cours de notre narration ; nous laisserons donc de côté tout ce qui concerne les mémoires produits par Guzman à la suite de ses missions à l'étranger. Nous allons seulement parler des autres travaux que son infatigable ardeur au travail et son intelligence hors ligne ont produits, tant à l'occasion du service qu'en dehors de toute préoccupation professionnelle.

Dans ses nombreux voyages maritimes, Guzman se trouvait dans la situation de ces puissants esprits observateurs qu'une remarque en apparence insignifiante conduit à une importante découverte. Rappelons-nous Galilée, somnolant en étant censé écouter un

sermon long et ennuyeux, dans la cathédrale
de Pise. Il remarqua, au bout d'un assez long
temps, que la lourde lampe placée devant lui,
et que l'allumeur n'avait pas arrêtée, revenait,
dans ses oscillations, toujours à hauteur d'un
point fixe du mur. Rentré chez lui, Galilée
chercha l'explication mathématique du phé-
nomène : la théorie du pendule était trouvée.

Guzman, dans toutes ses traversées, déplorait
que l'homme laissât perdre la quantité énorme
de forces contenue dans les vagues. Cette pensée ne le quitta jamais. La première fois qu'il
la formula par écrit, ce fut dans un mémoire
qu'il publia, au commencement de 1870, à la
librairie Dumaine, sous le titre : *Réflexions sur
les forces motrices de la mer*. Ce travail se
divise en quatre chapitres et un appendice ;
ils ont pour titres : *De la force motrice des
vagues ; Le navire considéré comme moteur ;
Appareils à eau comprimée ; Moteurs marins ; Calcul des forces dues au roulis*.

Tout cela se tenait encore dans des géné-
ralités ; mais les idées de Guzman se fixant
enfin, il crée une théorie nouvelle, et il l'appli-

que à un appareil qu'il appelle DYNAMOTEUR.

Naturellement, l'application devait être essayée aux forces de la mer ; le chercheur devait tenter d'utiliser cette force immense perdue pour tous et dont nous devrions pourtant tirer un grand parti [1]. Toutefois, les déceptions ont été si nombreuses, Guzman a rencontré sur sa route tant de mauvaise foi, qu'il commence, un peu tard il est vrai, à devenir plus prudent. Voulant, à tout événement, bien constater, à son actif, la priorité de la théorie des dynamoteurs et de son appli-

[1] Guzman est le troisième officier que nous voyons chercher à utiliser la force considérable de la mer. Les deux autres sont, comme Guzman, descendus dans la tombe sans avoir pu réaliser leur désir. Le premier est M. l'intendant militaire West, auteur d'ouvrages fort sérieux, et que nous avons vu à Vannes faire projets sur projets pour utiliser le courant du goulet à l'entrée du golfe du Morbihan, où il y a évidemment une grande force naturelle perdue. Le second est notre excellent et infortuné camarade Roudaire, qu'on a tué à la peine, et qui voulait utiliser la force de pression du flot pour creuser le canal qui doit reconstituer la mer de Gabès. Un jour ou l'autre, quelque habile démarquera le linge, trouvera un millimètre d'erreur dans la cote zéro donnée par Roudaire, et la mer sera reconstituée sans qu'il soit plus question de notre camarade que s'il n'avait jamais existé.

cation, il fait, dès 1872, une première divul-
gation de sa découverte, 1° en prenant un
brevet d'invention; 2° en publiant un article
dans les *Annales du génie civil.*

Voici la copie du brevet d'invention et
celle de la description qui y est annexée :

*Brevet d'invention, sans garantie du
gouvernement.*

« Le ministre de l'agriculture et du commerce,

« Vu la loi du 5 juillet 1844;

« Vu le procès-verbal dressé le 27 juin 1872,
à dix heures, au secrétariat de la préfecture
du département de Vaucluse, et constatant
le dépôt fait par le sieur GUZMAN d'une
demande de brevet d'invention de quinze
années pour un dynamoteur,

« Arrête ce qui suit :

ARTICLE PREMIER.

« Il est délivré au sieur Guzman (Pierre),
propriétaire à Avignon (Vaucluse), sans examen préalable, à ses risques et périls, et sans

garantie, soit de la réalité, de la nouveauté ou du mérite de l'invention, soit de la fidélité ou de l'exactitude de la description, un brevet d'invention de quinze années, qui ont commencé à courir le 27 juin 1872, pour un dynamoteur.

ARTICLE DEUXIÈME.

« Le présent arrêté, qui constitue le brevet d'invention, est délivré au sieur Guzman, pour lui servir de titre.

« A cet arrêté demeurera joint un des doubles de la description déposés à l'appui de la demande.

« Paris, le huit octobre mil huit cent soixante-douze.

« *Pour le ministre et par délégation,* etc. »

« Description de l'invention désignée sous le nom de *dynamoteur*, faisant l'objet du brevet demandé par M. Guzman (Pierre), demeurant à Avignon (Vaucluse), rue Violette, n° 7.

« Cette invention consiste dans l'application à la transmission d'un travail mécanique, de l'inertie d'une masse suspendue par un intermédiaire élastique, qui a pour effet de détruire totalement ou partiellement l'effet de la gravité. La masse disposée dans ces conditions porte le nom de masse dynamotrice, et l'appareil s'appelle *dynamoteur*.

« Le principal avantage que ce procédé de transmission présente au point de vue industriel, c'est de s'appliquer à la transmission des forces, dans des milieux pesants, comme l'air ou l'eau, sans qu'il soit besoin de recourir à un point d'appui fixe.

« L'intermédiaire peut être un simple cordon élastique, un ressort, un contre-poids, la pression, la réaction ou l'inertie d'un liquide ou d'un gaz. Quelles que soient ces diverses variétés d'action, le procédé qui constitue le dynamoteur est toujours l'application à un effet utile de l'inertie de la masse suspendue.

« Comme exemples : 1° un poids suspendu par un intermédiaire élastique sur un navire soumis au roulis ou au tangage exécute des oscillations qui serviront à faire marcher le piston d'une pompe ou tout autre mécanisme ;

2° un poids suspendu de la même manière à un ballon auquel on imprime des mouvements alternatifs transmettra à un mécanisme une partie de la force motrice employée à produire ces mouvements; 3° un corps dont le poids est compensé pendant sa chute par la résistance élastique de l'air utilisera, en glissant sur cet air, le travail mécanique dû à la pesanteur, de manière à se relever en vertu de sa force d'inertie. »

Quant au mémoire publié dans les *Annales du génie civil,* à la même époque (1872), nous laisserons de côté les calculs et les démonstrations, et nous n'en reproduirons que les parties principales [1] :

« Si l'on fixe à la paroi d'un bâtiment soumis au roulis ou au tangage un fil élastique à l'extrémité duquel soit suspendue une balle

---

[1] Je dois exprimer ici à M. Leclert, ingénieur de la marine, mon camarade d'École polytechnique, de bien sincères remercîments pour l'intérêt qu'il a pris au présent travail et pour les encouragements qu'il m'a donnés. En même temps, je tiens à dégager sa responsabilité de tout ce que cet exposé d'idées nouvelles présente d'imparfait. (Renvoi qui existe dans le travail de Guzman.)

de plomb, on voit ce fil se raccourcir ou
s'allonger suivant le mouvement du bateau.
Ces variations se produisent même lorsqu'on
empêche le fil de prendre le mouvement
angulaire d'un pendule ; elles proviennent
des modifications de tension résultant des
élévations et abaissements successifs du point
d'attache et de l'inertie de la balle de plomb.
Les effets observés sont d'autant plus appa-
rents que les oscillations du bateau ont plus
d'amplitude et moins de durée, que le fil est
plus élastique et la balle plus massive. Ce
système montre le principe des appareils auxquels nous donnons le nom de *dynamoteurs,*
destinés à utiliser l'inertie d'un corps conve-
nablement suspendu dans un milieu oscillant.

« Les forces de diverses natures dont l'action se manifeste dans l'expérience indiquée
peuvent être analysées et évaluées mathéma-
tiquement. Les relations ainsi établies entre
les mouvements du navire et ceux de la masse
pesante permettent de faire servir celle-ci
d'indicateur, pour estimer à chaque instant
l'amplitude des oscillations ; évaluation tou-

jours délicate, souvent impossible par d'autres procédés.

« La force d'inertie augmente proportionnellement au poids, toutes choses égales d'ailleurs : il suffit donc d'accroître suffisamment la masse suspendue et de donner à l'effort élastique qui la soutient une puissance correspondante pour créer, sur le même principe, un appareil servant à transformer et utiliser l'action des vagues. L'étude des dynamoteurs de cette classe forme le principal objet de notre travail. Leur construction n'est possible qu'à la condition de recourir à d'autres modes de suspension que les fils élastiques ou les ressorts. Nous proposons de contre-balancer les poids par les pressions hydrauliques : la cargaison elle-même servira comme masse motrice, et l'on pourra ainsi employer les mouvements de roulis ou de tangage au développement de forces considérables.

« Sous cette forme, le dynamoteur se présente comme un appareil simple, économique, qui peut trouver son application dans une foule de cas et devenir une annexe utile des bâtiments à voiles. Cependant les variations de régime auxquelles il est soumis élèvent une objection sérieuse contre son emploi ; les vagues sont très-inégales dans leurs actions, et, dans beaucoup de cas, il serait nécessaire de combiner le système proposé avec des appareils essentiellement appropriés à recueillir et à régulariser les forces produites. Sous ce rapport, les accumulateurs et les autres machines à eau comprimée se présentent comme un complément naturel des moteurs marins.

« Enfin, comme extension de cette étude, nous proposons d'augmenter les forces dynamotrices en modifiant la disposition du chargement et, au besoin, les formes extérieures du navire.

« Ce procédé permet de se rendre compte avec exactitude de l'élévation ou de l'abaissement de chaque point d'un navire à la mer, par rapport à sa position moyenne. Actuellement, pour mesurer l'amplitude du mouvement d'un navire, on se sert de divers artifices d'une application assez longue et délicate : le pendule est soumis à de trop grandes pertur-

bations pour donner des résultats exacts,
même en opérant dans le voisinage du centre
d'oscillation. Le dynamoteur, au contraire,
peut s'employer facilement par tous les temps
et à tous les endroits du navire : il nous
a permis d'exécuter de nombreuses expé-
riences. »

DES MASSES DYNAMOTRICES LIBRES
ET ACTIVES.

« Tel que nous venons de le décrire, le dynamoteur constitue un instrument d'expérience. Il est nécessaire d'employer d'autres
dispositifs pour donner à la force d'inertie une
puissance considérable. Le problème consiste
à équilibrer le poids par un procédé qui laisse
à la masse toute son action, sous l'effet des
changements de vitesse, du milieu où elle est
placée. Une des solutions les plus simples est
un cylindre creux, terminé par deux troncs de
cône, constituant l'enveloppe extérieure du
dynamoteur ; il est rempli d'eau et renferme,
en outre, un cylindre semblable, plus petit.

lesté de manière que son poids soit égal à celui de l'eau qu'il déplace.

« Deux tiges, faisant corps avec le cylindre intérieur, passent, à frottement doux, dans les bouts du cylindre-enveloppe. Si celui-ci est soumis à une série d'oscillations, le cylindre intérieur forme une masse dynamotrice dont le mouvement est utilisé, par exemple, en faisant des tiges de pompe des deux tiges ci-dessus. Pour régler les positions relatives des deux cylindres, on interpose entre eux un ressort à boudin.

« Un semblable appareil n'a pas besoin d'agir dans le sens vertical, comme le premier dynamoteur que nous avons décrit : il peut être disposé suivant une inclinaison quelconque.

« Sa puissance est considérablement accrue si, toutes choses égales d'ailleurs, on remplace l'eau par un liquide plus dense, par exemple par le mercure. La masse dynamotrice se trouve alors augmentée, dans le rapport de la densité de ce métal à celle de l'eau. »

DES OSCILLATIONS DES FLOTTEURS.

« L'inertie donne les moyens non-seulement d'étudier, mais d'utiliser les mouvements oscillatoires. C'est particulièrement des forces de la mer que l'on peut tirer parti par l'emploi des dynamoteurs. Les vagues, considérées ordinairement comme une gêne par les industries maritimes, emmagasinent et transmettent à de grandes distances une partie de la puissance mécanique développée à la surface du globe par la chaleur solaire, la rotation de la terre et les attractions des corps célestes. L'absence de frottement entre les molécules liquides permet aux mouvements ondulatoires de se propager jusqu'aux rivages, où ils viennent se perdre en chocs et bouillonnements. La force vive qui s'anéantit de cette manière est de même nature que celle qui cause les oscillations de roulis et de tangage, et qui produit, à bord, les effets familiers à tous les marins. On peut en tirer parti, et à cet effet la machine la

plus simple, la plus naturelle, est le flotteur,
le navire lui-même.

« La coque d'un bâtiment balancé par les
vagues est assimilable à une machine hydraulique soumise à l'action du liquide qui l'entoure. Seulement, tandis que dans une roue
ou une turbine ordinaire l'eau coule toujours
suivant la même direction, elle oscille autour
du navire, sur lequel elle exerce alternati-
vement des effets opposés.

« Quoique ces actions successives se con-
trarient et se masquent le plus souvent les
unes les autres, l'eau abandonne aussi bien au
bâtiment qu'à un moteur hydraulique une
partie de la force vive dont elle était animée ;
le mouvement qui en résulte est un moyen de
transmission dont il suffit de savoir profiter
pour utiliser la puissance motrice des vagues.

« Quand les formes du flotteur ne créent
pas d'obstacle au mouvement, quand son
centre de gravité revient après chaque oscillation dans le même plan horizontal, les travaux des résistances et de la pesanteur étant
nuls, on doit considérer le flotteur comme

une masse dynamotrice suspendue dans le milieu oscillant des vagues.

« Le calcul confirme cette assimilation, et nous arrivons aux mêmes résultats en évaluant le travail développé par l'inertie dans l'oscillation pendulaire du navire, soit qu'on regarde celui-ci comme une masse dynamotrice, soit qu'on applique la théorie ordinairement admise des mouvements de roulis. C'est ce qu'il est intéressant de montrer. »

Viennent ensuite deux chapitres, l'un sur les FLOTTEURS DYNAMOTEURS, l'autre sur les DYNAMOTEURS A AIR COMPRIMÉ. Nous ne reproduirons rien de ces deux chapitres, parce qu'ils sont principalement destinés à démontrer l'exactitude des formules données par Guzman. Nous arrivons tout de suite à la conclusion du mémoire, que nous donnons tout entière.

APPLICATIONS DES DYNAMOTEURS.

« Les idées exposées dans les chapitres précédents trouvent une de leurs applications les plus naturelles dans la manœuvre des pompes de bord. Sur les bâtiments à voiles, surtout dans les mers qui fatiguent le plus les carènes, le travail des pompes est souvent très-pénible pour les équipages et peut leur être épargné par l'installation de dynamoteurs du poids de quelques tonnes. Ces machines présentent alors une grande simplicité, et elles ont l'avantage de donner le plus de travail lorsque les oscillations du bâtiment sont les plus fortes, c'est-à-dire quand le besoin d'un moyen d'épuisement se fait le plus vivement sentir. Un homme appliqué à une pompe fournit moyennement de six à dix kilogram-mètres par seconde, pendant huit heures. C'est l'effet continu d'un poids dynamoteur d'une tonne soumis à un faible mouvement de rou-lis ou de tangage.

« Dans des conditions ordinaires, l'action de l'équipage sera donc remplacée par celle de deux dynamoteurs, disposés de manière à opérer isolément, l'un au roulis, l'autre au tangage, et de trois à cinq tonnes chacun. On trouvera que ces poids n'ont rien d'excessif, si l'on observe qu'ils peuvent se composer d'une partie de la cargaison ou du lest du navire.

« Le travail des pompes est particulièrement adapté aux mouvements variables des dynamoteurs : l'emploi de l'eau comprimée, pour servir d'intermédiaire entre la machine qui produit la force et celle qui la dépense, vient donc naturellement à l'esprit, comme nous l'avons indiqué précédemment, lorsqu'il s'agit de produire des effets autres qu'un épuisement d'eau. En procédant de cette manière, serait-il avantageux ou même possible d'employer les dynamoteurs à la propulsion des navires à bord desquels ils sont montés? Dans certains cas où l'oscillation est considérable, le développement de force dynamotrice par tonne et par seconde peut s'élever à quatre-vingts kilogrammètres. Si l'on parvenait à faire agir une partie de la cargaison comme masse active dans de telles circonstances, on obtiendrait une puissance facilement applicable à la propulsion. Mais ce sont là des cas exceptionnels, et comme on ne doit évaluer en moyenne la force dynamo-

trice développée par tonne qu'à six kilogram-
mètres par seconde, il en résulte qu'on ne
pourrait l'employer à la propulsion qu'à la
condition de l'accumuler pendant un certain
temps. Ainsi un poids de cent tonnes, dont
les effets à six kilogrammètres par tonne et
par seconde représentent une force de huit
chevaux-vapeur seulement, permettrait, en
accumulant quatre heures de travail, de développer une force de trente-deux chevaux
pendant une heure. Dans des cas spéciaux,
par exemple pour le remorquage, serait-il
avantageux d'installer des bâtiments de manière à leur permettre de recueillir et d'em-
magasiner en mer la force nécessaire pour
entrer dans une rade ou un port et en ressortir? C'est là une question si complexe, et
dont la solution est liée à tant de considérations spéciales, que nous la posons seulement
sans chercher à devancer l'appréciation des
hommes compétents ou les résultats de l'expérience.

« Mais s'il se présente de graves objections
contre l'établissement de l'accumulateur et

des machines à eau comprimée sur le navire qui porte la masse dynamotrice, la question est de beaucoup simplifiée, lorsqu'on recueille à terre, sur les côtes, l'effet produit par l'action des vagues. L'eau comprimée peut être conduite à distance en conservant sa pression, à peu près de la même façon qu'on amène la vapeur d'une chaudière dans des cylindres plus ou moins éloignés, et avec cette différence qu'il n'y a plus à craindre les effets du refroidissement, cause de déperdition de force pour la vapeur. Si nous supposons un ou plusieurs navires dynamoteurs stationnaires dans le voisinage d'une digue, d'une jetée, ou en général près de la côte, la transmission par eau comprimée permettra de reporter et de concentrer à terre les forces motrices répandues par les vagues sur la surface voisine de la mer. L'établissement d'une portion de conduite articulée destinée à se prêter aux mouvements du navire sera le point le plus délicat du système, mais ne présentera pas de difficultés de nature à en arrêter la réalisation.

« Ainsi, tandis qu'on emploie actuellement

des machines à vapeur pour alimenter les
appareils hydrauliques qui font manœuvrer,
dans les ports et leurs docks, les écluses,
vannes, cabestans, grues, ponts volants, etc.,
les dynamoteurs pourraient, avec une dépense
bien moindre, suffire à ces travaux et à beaucoup d'autres, et communiquer à terre, avec
des accumulateurs assez volumineux pour
assurer la consommation d'eau comprimée
pendant les courtes périodes de calme des mers
du Nord. Les divers moteurs naturels trouvent
chacun leur application suivant les circonstances : la réalisation simple d'une force
très-économique sur les côtes caractérise et
recommande les moteurs marins que nous
proposons. Dans certaines conditions spéciales, leur emploi semble particulièrement
indiqué. Souvent à l'embouchure des fleuves
il se forme des ensablements, nommés barres,
qui, faisant obstacle à la navigation, néces-
sitent des travaux considérables, parfois in-
suffisants pour conserver un passage libre aux
navires. La mer est constamment agitée sur les
barres, et les vagues y ont une force beaucoup

plus grande qu'ailleurs. Ne peut-on profiter de cette force pour détruire l'ensablement à mesure qu'il se produit? Si le dynamoteur ne fournit pas une solution complète de la question, il permet du moins de transformer en puissance motrice régulière l'effet mécanique des vagues. Le travail qu'on est en droit d'en attendre sur les barres est considérable. Il donne aussi les moyens de faire marcher, par des procédés très-économiques, les dragues ou les autres machines à mettre en œuvre pour creuser un chenal dont l'existence est une question vitale pour certains ports de mer.

« Soit que l'on considère le dynamoteur comme instrument d'expérience ou comme machine motrice, nous croyons qu'il serait fort désirable de le voir accepté dans la pratique. Les déductions de ce mémoire reposent uniquement sur des données et des calculs mathématiques, mais nous ne nous dissimulons ni les imperfections ni les lacunes de notre travail. Nous espérons qu'elles seront réparées par des personnes compétentes, et notre but sera atteint si nous avons attiré leur attention sur la nouveauté du sujet et la variété des applications qui s'y rattachent. »

Excellent Guzman ! Tu as le temps de mourir vingt fois, avant que les personnes compétentes s'occupent d'autre chose que d'elles-mêmes !

A cette époque, on le voit, Guzman ne s'était encore préoccupé des dynamoteurs qu'en ce qui concerne la marine. Pendant plusieurs années, il va être exclusivement occupé de ses obligations professionnelles, et les dynamoteurs dormiront jusqu'à l'heure de sa retraite.

En 1873, Guzman publia, en collaboration avec le capitaine Roswag, un ouvrage ayant pour titre : *Description du matériel d'artillerie prussienne.*

Ensuite, il présenta deux mémoires spéciaux : le premier, remis à l'inspection générale de 1876, lui valut la lettre ministérielle suivante :

« Versailles. le 7 février 1877.

« Commandant,

« Le Comité de l'artillerie a examiné, dans sa

séance du 23 janvier dernier, le rapport établi par la Commission qui a été instituée dans la 11° brigade d'artillerie pour essayer le procédé de pointage à couvert que vous avez proposé.

« J'ai approuvé l'avis émis à ce sujet par le Comité ; ce document vous sera communiqué par M. le général commandant l'artillerie du 11° corps d'armée.

« Je vous adresse mes remercîments pour les recherches que vous avez faites, en vue d'obtenir la solution d'un problème intéressant le service de l'arme.

« Recevez, commandant, l'assurance de ma considération distinguée.

« *Le ministre de la guerre.*

« Pour le ministre et par ordre,

« *Le directeur général du personnel et du matériel,*

« *Signé :* RENSON. »

Le second mémoire, remis à l'inspection générale de 1879, est beaucoup plus important et plus volumineux que le premier ; il traite à fond la question de l'emploi des chemins de fer à voie étroite dans les travaux d'attaque des places. Ce mémoire comprenait : une introduction, quatre chapitres et des conclusions. Il valut à Guzman la lettre suivante :

« Paris, le 20 mars 1880.

« COMMANDANT,

« Après avoir examiné le rapport que vous avez établi sur l'emploi des chemins de fer à voie étroite dans les travaux d'attaque, le Comité de l'artillerie a, dans sa séance du 5 mars courant, émis l'avis suivant :

« Remercier M. le commandant Guzman « de son intéressante communication, et faire « classer son mémoire dans les archives du « dépôt central. »

« J'ai approuvé cet avis à la date de ce jour, et je suis heureux d'avoir à vous adresser des remercîments pour le soin avec lequel vous avez étudié la question très-importante du transport du matériel d'artillerie dans les siéges.

« Recevez, commandant, l'assurance de ma considération distinguée.

« *Le ministre de la guerre,*

« *Signé :* FARRE. »

C'est toujours le même résultat : une bonne distribution d'eau bénite. Les travaux de Guzman ont cependant été examinés avec soin, comme le prouvent les avis motivés du Comité d'artillerie, que nous ne jugeons pas utile de reproduire; mais il semble que nous n'ayons réellement, en France, d'autre but que de détruire ce qui est soumis à notre appréciation. Comités et Commissions ne s'occupent absolument que de trouver des défauts à ce qu'ils ont à examiner ; les qualités ressortiront sans doute toutes seules. Nous n'en voulons d'autre exemple que ce qui se passe pour la chaussure. Depuis que nous sommes né à la vie militaire, nous voyons faire études sur études, concours sur concours, pour arriver à l'adoption d'un modèle de chaussure pour l'armée. Il est probable que les choses n'ont pas commencé avec nous.

La manière de faire n'a jamais varié. Les Commissions créées dans chaque corps de troupe qui expérimentait un modèle nouveau n'avaient qu'un but : faire ressortir les défauts du modèle qui leur était soumis. En sorte que si, l'expérience terminée, on réunissait tous les défauts signalés dans tous les rapports, il en résultait qu'on avait placidement dépensé beaucoup d'argent pour expérimenter une chaussure qui n'avait pas une seule qualité. Il est probable que si l'on ne fabriquait de chaussures que lorsqu'on aura une chaussure définitive, l'armée irait nu-pieds jusqu'à la consommation des siècles.

Nous avons vu que Guzman a fini par se lasser de ce système d'eau bénite pour les uns et d'avancement pour les autres, qu'il s'est retiré, et qu'il a été admis à la retraite par décret du 5 mai 1882.

Sa pensée ne s'était jamais détachée de ses travaux mécaniques. Ses dynamoteurs, qu'il n'avait encore pensé à appliquer qu'à la marine, le préoccupaient ; poursuivant la direction de ses idées, il avait donné une théorie de la natation, et surtout de l'*aviation* qu'il voulait appliquer à l'homme. Rendu à sa liberté par la retraite, il prit part cette année-là même, 1882, au concours pour le prix Montyon (mécanique). A cet effet il soumit à l'Académie des sciences un mémoire sur *l'influence directrice du mouvement de la terre sur un cercle tournant autour d'un axe horizontal passant par le centre.*

L'année suivante, 1883, au mois de mai, il soumit encore à l'Académie des sciences un mémoire sur l'*inertie dynamotrice et les dynamoteurs,* dans le but de prendre part au concours du prix Alphonse Pénaud. Le concours Pénaud avait pour but de donner une somme de trois mille francs au meilleur mémoire sur la navigation aérienne.

En 1883 et 1884, Guzman prit encore deux brevets d'invention. Le premier de ces deux brevets est du 12 février 1883, et il est pris pour un appareil dit *dynamoteur.* Ce dynamoteur est composé « de masses oscillantes combinées de manière que leur mouvement relatif est entretenu par un moteur avec une même dépense de travail, soit que ce mouvement se produise dans le vide ou dans un fluide ».

Les parties essentielles de l'appareil sont :

1° Des masses solides à grandes surfaces, nommées *ailes* ;

2° Une ou plusieurs masses solides, comprises sous une faible surface, nommées *corps* ou *masses dynamotrices* ;

3° Un système articulé réunissant les ailes et le corps ;

4° Un moteur entretenant le mouvement d'oscillation relative, ou de *battement* du système.

La reproduction du mémoire descriptif nous mènerait trop loin, et elle dépasserait totalement notre but. Du reste, comme on le verra ci-après, cette reproduction ferait double emploi, et elle ne serait pas ici dans son cadre.

Le second brevet d'invention est du 16 juillet 1884, et il est pris pour des ballons annulaires. Cette invention comprend :

1° La construction et l'emploi de ballons annulaires, en étoffe flexible conservant une forme rigide par le seul effet de la tension des gaz qu'ils renferment ;

2° L'utilisation de ces ballons, comme bâtis rigides, pour construire des ballons plats, des ballons de formes variées et des surfaces étendues, rigides, légères.

La forme annulaire du ballon est celle qui est désignée géométriquement par le terme de *torc*.

L'étoffe employée pour l'enveloppe peut être la baudruche, le caoutchouc, le taffetas, ou toute autre étoffe propre à enfermer le gaz qui gonfle un ballon.

L'enveloppe est construite en assemblant les diverses parties de l'étoffe sur un modèle solide, présentant la forme du tore à obtenir. Ce modèle, qui sert de moule, est en terre argileuse ou en plusieurs pièces, de manière à pouvoir être retiré de l'enveloppe par un trou que l'on ferme à part. Suivant sa nature, l'étoffe est assemblée en collant ou en cousant les divers morceaux, suivant les procédés ordinaires de construction des ballons. Une ou plusieurs tubulures ménagées pour l'introduction du gaz sont solidement fermées après le gonflement.

Le gaz employé pour gonfler le ballon est, soit l'hydrogène, soit le gaz d'éclairage, soit même l'air atmosphérique ; sa pression est réglée de manière à tendre l'étoffe sans la déchirer, et, la tubulure étant fermée après que le gaz est introduit dans ces conditions, le ballon conserve la forme d'une couronne rigide aussi longtemps qu'il reste gonflé. Le brevet comprend non-seulement l'invention des ballons annulaires, mais encore leur emploi.

Nous ne pousserons pas plus loin les développements du mémoire joint à ce brevet, pour les mêmes motifs que pour le précédent.

Enfin, le 7 mai 1885, Guzman prend un certificat d'addition à son brevet du 12 février 1883.

Le mémoire descriptif joint à la demande de certificat d'addition porte que cette addition a pour objet de décrire les perfectionne-

ments apportés à l'appareil dit *dynamoteur,* dans le but de faciliter ses applications
industrielles, tout en lui conservant intégra-
lement la propriété caractéristique des dynamoteurs. Ces perfectionnements portent :

1° Sur la disposition du système articulé ;

2° Sur la construction de ce système ;

3° Sur la disposition des organes moteurs
de l'appareil ;

4° Sur la construction des ailes.

Pour ce mémoire, comme pour les deux
brevets, nous n'irons pas plus loin.

On voit que les idées de Guzman étaient
bien définitivement arrêtées sur la confection
des dynamoteurs et le parti à en tirer, au
point de vue pratique. Il allait passer de la
théorie à l'application, lorsqu'il s'est endormi
du sommeil éternel, ou mieux, lorsque le grand
réveil de la vie l'a séparé de nous. Mais tout
ce qu'il a pensé sur cette création et ses applications qu'il a poursuivies jusqu'à sa dernière
heure, est relaté en de volumineux cahiers de
notes. Guzman a, nous l'avons dit, gardé toute
sa lucidité d'esprit jusqu'à son dernier souffle ;

aussi, ne voulant pas que le fruit de ses travaux persévérants fût perdu, il a, par son
testament, prié son ami et camarade de promotion de l'École polytechnique, M. Émile
Leclert, ingénieur de la marine, ancien professeur à l'École d'application du génie mari-
time, de publier un résumé de ses travaux
sur les dynamoteurs et leurs applications.

M. Leclert a bien voulu accepter la pieuse
mission que lui a confiée son ami, et il la rem-
plira, pour le plus grand intérêt de tous, avec
la haute autorité qui s'attache à son nom et à
ses nombreux travaux.

CONCLUSION

La tâche que nous avons entreprise est terminée. Nous avons suivi pas à pas toute cette
existence si pleine de travail et de dévouement. Nous ne terminerons pas sans quelques
réflexions bien naturelles, après l'étude d'une
vie si bien remplie et si peu récompensée,
après la constatation de l'éclat d'une intelligence si vive, toujours livrée, hélas ! aux
appréciations de la médiocrité et de l'envie.

Que restera-t-il des uns et de l'autre ? Il ne
restera rien des premiers, pas même le souvenir du rang que la chance ou le hasard, ce
qui est la même chose, leur auront donné dans
une hiérarchie. Ce qui reste d'un homme, c'est
le fruit de son travail, c'est le souvenir de
brillants services rendus dans n'importe quelle
branche ; aussi, tout en étant justement fier
d'une longue série d'illustrations dans ses
aïeux, chacun l'est davantage de ses propres
œuvres, des services qu'il a inscrits dans la série
de famille. A ceux qui n'ont d'autre bagage que

de pouvoir dire : « Mes aïeux étaient aux croi-
sades », on peut répondre : « Eh bien ! mais où
étaient donc les nôtres ? » C'est toujours l'histoire de ce prince romain à qui un officier de
la division d'occupation demandait s'il était
vrai qu'il descendît directement de tel ancien
consul de la république romaine, et qui crut
aplatir son interlocuteur, en se campant sur
la hanche et lui répondant : « Il y a deux mille
ans qu'on le dit ! » Ce à quoi l'officier riposta :
« C'est fort heureux qu'on le dise, car on ne
s'en douterait guère ! »

Pour tous ceux qui ont connu Guzman, il
n'y a rien à leur apprendre ; ils savent qui il
était et quelle somme énorme de travail il a
produite. Ceux qui n'ont pas connu notre
ami connaîtront son nom par ses œuvres. La
main de la destinée l'a arrêté dans la voie où
elle l'avait lancé, avant qu'il eût pu réaliser les
applications de cette théorie nouvelle des
dynamoteurs, qu'il a créée. Un autre, plus heureux, en fera les diverses applications ; mais
le jour, assez rapproché, espérons-le, où les
moyens d'exécution des plus grands travaux

seront considérablement simplifiés, où les actes de la vie seront grandement facilités, où la force des vagues ne sera plus perdue, le nom de Guzman restera pour tous le pivot sur lequel reposera la base de toutes ces découvertes.

Est-ce que les généraux Poncelet, Morin, pour ne parler que des morts, ne sont pas plus connus par leurs travaux mécaniques que par leur grade militaire? Il est vrai que Guzman n'est pas devenu général. Qu'est-ce que cela prouve? Que les froissements d'amour-propre ne lui ont pas été épargnés; que les heureux l'ont frappé de leur insolente pitié, en lui disant : « Soyez tranquille, mon brave Guzman, on vous revaudra cela ! » En tous les cas, ceux qui ont été la cause de ces froissements intimes n'en ont rien vu; il s'est renfermé en lui-même, et il ne leur a pas donné cette joie. Et puis, qu'importe d'ailleurs! La course terminée, quel est celui dont la satisfaction est la plus profonde ? L'un, fort de son travail et de sa valeur personnelle, n'a, avec la retraite, ni baissé ni augmenté son ton; il se sent à sa place dans

tous les milieux intelligents. L'autre, ne trans-
portant avec lui qu'une tête vide et n'ayant
plus ce qui faisait sa seule force, l'autorité
que lui donnait la hiérarchie, sent le terrain
manquer sous ses pieds; il ne marche plus
que d'un air distrait, faisant semblant d'être
très-occupé à examiner l'étalage des bou-
tiques, regardant en dessous si son subordonné
d'hier, qu'il voit venir de loin, va le saluer ou
passer fièrement. S'il est salué, il rend aujour-
d'hui le salut avec d'autant plus d'ostentation,
qu'il eût mis hier de vanité à le rendre négli-
gemment ou par à peu près, pour bien faire
voir la distance à ce bon public, qui ne s'en
occupe guère. Voilà la fin des uns, pendant
que les Guzman meurent à la peine. Franchement, il vaut mieux finir comme Guzman.

L'intérêt de la société est-il que les choses
se passent ainsi? Certes, nous le savons, l'existence des individualités compte peu, quoi-
qu'elle compte cependant. Mais enfin, si le
travail ne peut pas être utilisé par celui-là
même qui l'a accompli, un autre viendra qui
profitera du chemin parcouru, et le résultat

final sera atteint, quoique retardé. C'est précisément dans ce retard que se trouve la part qui frappe la société dans les dénis faits à l'intelligence des uns ou des autres.

Avec cette conséquence de l'organisation sociale, que l'homme malhonnête peut prendre la place de l'homme intelligent et intègre, outre le retard dans le progrès général, il y a l'influence funeste de l'exemple ; et alors, si tout va de même de proche en proche, la société est stationnaire, si elle ne va pas à reculons. Aussi est-il à souhaiter que ce soit seulement les honnêtes qui réussissent, qu'il y ait beaucoup de Guzman !

Pour finir la biographie de Guzman comme il a fini l'existence, nous affirmerons notre conviction dans la conservation de notre individualité, après le réveil de la vie. Nous comptons bien nous trouver au rendez-vous d'outre-tombe, et, en attendant, nous souhaitons à la patrie d'être servie par beaucoup de vaillants, d'intègres et de travailleurs comme Guzman.

DOCUMENTS

(Extraits d'une brochure publiée par Guzman, en 1872, en réponse à un pamphlet dirigé contre lui. Les deux premiers font partie des pièces justificatives annexées par la Commission des marchés au procès-verbal de la séance de l'Assemblée nationale du 15 juillet 1872.)

DOCUMENT Nº 1.

DÉPOSITION DE M. LE CAPITAINE GUZMAN.

M. LE PRÉSIDENT. — Capitaine, vous avez été chargé par le Gouvernement d'une mission en Amérique, à l'occasion d'un marché contracté par la Commission d'étude des moyens de défense avec MM. Valentine, Billing, Saint-Laurent. Vous avez été mandé d'Oran à Tours.

Vous êtes parti par le steamer du 10 décembre. Vous êtes arrivé le 24. Avec qui avez-vous été en rapport? qui vous a donné votre mission? quelles étaient vos instructions?

M. LE CAPITAINE GUZMAN. — D'après une dépêche que j'ai reçue à Oran, il y avait urgence de me rendre à Tours.

Quand je me suis présenté au bureau de l'artillerie, le chef du personnel m'a conduit à la Commission des moyens de défense et m'a mis en relation avec M. Naquet, le secrétaire, qui m'a conduit au colonel Deshorties.

J'ai eu avec le colonel une entrevue de deux minutes; il m'a dit ces propres paroles que j'ai transcrites :

« Nous vous envoyons chercher des canons pour remplacer ceux que la lâcheté de nos mobiles vient de nous faire perdre à Orléans.

« Vous recevrez tout ce qui sera d'un service immédiat. »

Il paraissait surexcité, il n'a pas eu le temps de me dire d'autres paroles, remettant à M. Naquet le soin de me mettre au courant de la question.

M. Naquet m'a remis une copie du marché, il m'a accompagné dans mes démarches pour obtenir un passe-port.

J'ai réclamé l'adjonction d'un contrôleur d'armes qui m'a été accordée. Deux officiers étaient déjà partis.

Je me suis embarqué avec le contrôleur le 10, je suis resté à Tours à peine dix heures.

La première personne qui est venue me trouver à New-York à bord du bâtiment est M. Saint-Laurent ; il m'a mené à l'hôtel où il habitait et où il avait amené les officiers qui étaient avec lui. Il y avait un appartement somptueux pour moi. Je me suis trouvé avec les officiers MM. de Launay de la Mothaye et Massot. Je me suis mis en relation avec eux, et, au bout de deux jours, nous quittâmes l'hôtel où nous étions avec les contractants, pour aller dans un hôtel plus modeste. Les contractants ne voulaient pas nous laisser régler la dépense.

M. LE PRÉSIDENT. — Vous avez remarqué que vous étiez dans un hôtel dont le luxe vous préoccupait ?

M. GUZMAN. — Oui, monsieur le président.

M. LE PRÉSIDENT. — Ce luxe n'était pas en rapport avec votre position : vous aviez chambre, salon, salle de bains, etc., et votre délicatesse a été éveillée ; vous avez conféré avec vos collègues, et, par un sentiment que je ne vous fais pas l'injure de louer, vous avez trouvé que cette situation n'était pas convenable pour vous, et vous l'avez repoussée. Vous avez exigé qu'on réglât les dépenses et vous les avez payées.

M. GUZMAN. — J'avais déjà été à New-York, je connaissais les habitudes du pays.

Je vis des armes. — J'ai su qu'elles n'étaient pas achetées par M. Saint-Laurent, et il me les présentait comme sa propriété. Cela éveilla mes soupçons.

Comme les choses trainaient en longueur, je demandai un procès-verbal de constatation qu'à telle date *il ne m'avait été montré* que tant de fusils; j'eus de la peine à obtenir ce procès-verbal.

Je fis part de mes réflexions aux officiers qui étaient avec moi, et je me résolus, le 6 janvier, à envoyer un télégramme au colonel Deshorties à Bordeaux, disant : *Je n'ai encore rien reçu du matériel d'artillerie stipulé dans le contrat du 28 novembre.*

Je n'avais rien, et les armes que m'avait fait voir M. Saint-Laurent n'étaient pas achetées par lui.

A partir de ce moment, commence un échange de télégrammes entre le colonel Deshorties, représenté par M. Naquet à Bordeaux, et moi à New-York. A cause d'un malentendu, M. Naquet répond qu'on télégraphie que toute la fourniture est reçue, et même les bottines, chose que je n'ai pas comprise, vu que nous n'avions pas de bottines à recevoir.

Je réponds que je n'ai rien à ajouter; ces télégrammes sont des 6, 13 janvier.

M. LE PRÉSIDENT. — Le capitaine Guzman a eu le

soin de tenir jour par jour le journal le plus exact, et il n'y a pas une de ses affirmations dont nous ne trouvions la trace dans ses écrits. Cela donne à sa déposition une netteté que je prie la Commission de remarquer.

M. GUZMAN. — J'avais été à même de remarquer qu'en Amérique les opérations financières n'étaient pas menées avec beaucoup de régularité, et je me suis tenu de manière à mettre mon honorabilité au-dessus de tout soupçon.

M. LE PRÉSIDENT. — C'est avec plaisir que la Commission la constatera.

M. GUZMAN. — Voici la dépêche du 6 : « Il n'a encore été rien présenté du matériel d'artillerie stipulé dans le contrat du 28 novembre. »

J'ai reçu le 13 janvier le télégramme suivant :

« Une dépêche de Billing, reçue après la vôtre, affirme que toute la fourniture, y compris les bottines, est reçue et prête à expédier. Assurez-vous du fait, sachez par qui la réception a été faite ; si elle l'a été, télégraphiez-nous immédiatement. »

M. LE PRÉSIDENT. — Nous avons toutes ces dépêches. Il en résulte que le capitaine a instruit le Gouvernement de toutes les fraudes, de toutes les ruses, de tous les procédés au moyen desquels les contractants ont cherché à abuser le Gouvernement et lui ; il a dit au Gouvernement (la Commission lira les dépêches) que les armes et le matériel abondaient dans les arsenaux ; que l'obstacle était l'absence de crédit et de fonds ; que ce n'étaient pas les armes qui manquaient, que c'était le crédit pour se faire livrer les armes qu'on devait fournir au Gouvernement français.

Le capitaine envoya les dépêches des 6, 10, 12 et 14 janvier ; il confirma ces dépêches par plusieurs lettres.

Ainsi, voilà l'agent du Gouvernement qui arrive tardivement ; ce n'est pas sa faute. Il se met à la besogne, il la fait avec conscience, et, à chaque heure, il avertit, avec la plus grande netteté, le Gouvernement de ce qui se passe. C'est bien ainsi que vous résumez votre correspondance ?

M. GUZMAN. — Oui, monsieur le président.

M. LE PRÉSIDENT. — Maintenant, avant d'arriver à un autre ordre d'idées, je vous demande si vous avez reçu, en dehors des télégrammes dont nous venons de parler, de M. Naquet ou du colonel Deshorties, des instructions écrites, télégraphiées ou par correspondance épistolaire.

M. GUZMAN. — J'ai écrit au colonel Deshorties ; les seules communications que j'ai reçues, je les ai reçues de la Commission.

Le 8, est arrivée une lettre qui contenait l'envoi des remercîments de la Commission d'étude des moyens de défense à M. Pelletier, président du Comité démocratique français à New-York ; ces remercîments faisaient connaître qu'on avait reçu certains échantillons de bombes. J'ai reçu cette lettre.

Excepté ces télégrammes, je n'ai reçu de la Commission aucune communication, aucune réponse aux demandes que nous avons faites, pour savoir si nous devions opérer la résiliation du marché.

Ce n'est que le 24 mars — le marché a été résilié le 13 février; — ce n'est que le 24 mars que M. Masset, qui était resté à New-York, m'a averti qu'il avait vu dans un journal qu'une lettre était restée à la poste, à mon adresse.

Nous avons été prendre cette lettre, avec M. Audubert, contrôleur d'armes; nous l'avons ouverte ensemble, dans l'espoir d'y trouver quelque chose.

Cette lettre était datée du 13 février; l'adresse avait été mal mise, et elle m'a été remise, comme le constate le timbre de la poste, le 24 *mars*. C'était une lettre du colonel Deshorties; nous l'avons lue en commun. La voici :

« Bordeaux, le 13 février 1871.

« Mon cher capitaine,

« Je vous prie de vouloir bien faire remettre l'incluse à M. W. Saint-Laurent, dont j'ignore l'adresse. Veuillez, à cette occasion, remettre en mémoire à M. W. Saint-Laurent que je l'ai prié de me faire l'acquisition, pour mon musée, d'armes des Indiens encore sauvages et de quelques autres d'origines diverses, qui lui paraîtraient rares, en lui rappelant que je ne tiens nullement aux armes de luxe.

« Votre bien affectionné,

« *Signé :* Deshorties. »

M. le Président. — Il est un point beaucoup plus délicat, sur lequel je voudrais vous poser une question. Nous sommes ici pour savoir la vérité, c'est un devoir pénible ; mais nous avons le droit de faire appel à votre loyauté. Nous vous demanderons donc si la lettre n'en renfermait pas une autre.

M. Guzman. — Comme l'indique le texte de la lettre, elle en renfermait une autre pour M. Saint-Laurent.

M. le Président. — Le capitaine m'a dit en effet qu'il ne se croyait pas propriétaire de la lettre, qu'elle appartenait au colonel Deshorties, qu'il en faisait juge mon honorabilité et celle de mes collègues. Mes collègues seront de mon avis en ne pesant pas davantage sur la conscience du capitaine.

Pour mettre sa délicatesse à l'abri, nous commencerons par demander au colonel Deshorties communication de cette lettre ; s'il la refusait, nous ferions un devoir strict et d'honneur au capitaine de nous la remettre.

Si vous approuvez cette démarche, nous nous bornerons pour le moment à constater qu'il y a deux lettres : celle que vous venez d'entendre, et une autre dont nous ne connaissons pas la gravité ni la portée, mais qu'il est de notre devoir de connaitre.

Nous sommes un peu étonnés que le président de la Commission n'ait pas autre chose à dire à un agent au bout de quelques mois de séjour, dans une affaire aussi grave, que de lui recommander une collection d'armes indiennes ; nous verrons ce qu'il y a dans l'autre lettre.

Si la Commission le trouve bon, nous n'exercerons pas de contrainte sur une conscience délicate. (*Assentiment unanime.*)

Nous réservons donc votre interrogatoire, capitaine.

Si le colonel Deshorties vous autorise à nous remettre la lettre, nous vous la demanderons; s'il refuse, nous vous ferons un devoir strict de nous la donner, et nous ferons mention de vos scrupules.

N'avez-vous pas eu, par suite de conversations avec M. Saint-Laurent, une impression désagréable? Ne vous a-t-il pas fait certaines insinuations qui ont mis votre délicatesse en éveil?

M. Guzman. — Oui; M. Saint-Laurent est un homme très-singulier, extraordinaire, qui avait déjà fortement embarrassé par sa tenue les officiers qu'il avait amenés avec lui. MM. de Launay de la Mottaye et Massot, puisque le commissaire de surveillance a failli faire arrêter Saint-Laurent et ses deux compagnons à cause de la tenue et des paroles de M. Saint-Laurent.

M. le Président. — En bon français, n'est-il pas arrivé à vous proposer de l'argent?

M. Guzman. — Une fois, par ses discours et ses insinuations, il me laissait comprendre qu'il n'osait pas m'offrir de l'argent, mais qu'il ne tenait qu'à moi de lui en demander. C'est cela qui nous a engagés à changer d'hôtel; c'est ce qui m'a engagé à avoir toutes mes relations avec les contractants par écrit, à conserver les lettres et les réponses.

M. le Président. — Ainsi, c'est dans ses conversations avec vous qu'en termes clairs il vous a donné à penser que si votre moralité n'était pas inattaquable, vous pourriez avoir recours à sa bourse; n'a-t-il pas été jusqu'à dire que d'autres n'avaient pas été aussi scrupuleux que vous?

M. Guzman. — Non; il m'a dit qu'il y avait de grosses sommes à gagner. Je l'ai regardé de la tête aux pieds.

M. le Président. — Enfin votre impression est qu'il cherchait à vous circonvenir?

M. Guzman. — Oui, monsieur le président.

M. le Président. — Quand est arrivée la liquidation, quand on est arrivé à embarquer les marchandises, quel a été votre rôle? Vous n'avez pas donné de conseil au Gouvernement sur les transactions? Le Gouvernement est arrivé à abandonner ses garanties d'un million, à ouvrir un crédit de six millions, à modifier le traité; vous n'êtes jamais intervenu dans ces affaires?

M. Guzman. — Comme dans les télégrammes de la Commission d'étude des moyens de défense il semblait y avoir un reproche indirect tendant à dire que je ne devais pas me mêler de questions de finances, je n'en ai pas ouvert la bouche; et quand les contractants m'ont envoyé des lettres ayant trait aux questions de finances, j'ai répondu que je gardais les lettres au dossier, mais que je les priais de considérer ces lettres comme non reçues.

Mais je suivais, pour mon instruction personnelle, ce qui se passait. Les contractants n'ont reçu le matériel que par l'intervention de M. Garrison, qui avait l'argent nécessaire pour couvrir, vis-à-vis de l'État, les contractants. M. Garrison a été, à ce qu'il paraît, trompé par les contractants, qui lui avaient fait croire que, pour leur marché, les fournitures seraient payées au fur et à mesure du connaissement par moi.

M. Garrison est venu me proposer de signer un connaissement fictif, moyennant lequel il comptait être payé d'une partie de ses fournitures avant le délai. Je me suis refusé à signer ; j'ai fait prendre lecture à M. Garrison de ce contrat ; je le lui ai traduit. Il a prétendu qu'il avait négligé le soin de le faire traduire. J'ai renseigné le Gouvernement par lettre et par dépêche sur ce qui se passait ; c'est mon rapport du 28 février.

M. LE PRÉSIDENT. — Vous avez fait plus ; vous avez éclairé le Gouvernement sur les conditions de la transaction Garrison dans le rapport du 28 février.

M. GUZMAN. — Oui ; quand M. Garrison a reçu la rupture du marché, il est venu me trouver ; il m'a demandé ce qu'il devait faire pour sortir d'embarras. Je l'ai renvoyé au consul général de France. Il m'avait prié de l'accompagner, vu que le consul ne parlait pas français ; j'ai dit que je voulais bien l'accompagner comme interprète, mais non comme fonctionnaire. Il y a eu une grande conférence, dans laquelle se trouvaient le consul, M. Garrison et des avocats américains. M. Garrison a fait des offres au consul général, qui en a télégraphié au Gouvernement. Moi, de mon côté, j'ai tenu note de ce qui avait été fait, et j'en ai écrit plus tard les détails au Gouvernement.

M. LE PRÉSIDENT. — Les conditions étaient celles-ci :

« 1° Livraison de vingt batteries au prix coûtant, c'est-à-dire à 25,000 francs par batterie rendue en France, à 36,000 francs par 3,600 coups chargés.

« 2° Résiliation du traité pour le surplus des fournitures, c'est-à-dire pour cinq batteries et 71,000 fusils Enfield.

« 3° Renonciation de Valentine, Billing et Saint-Laurent au marché du 28 novembre. »

Donc, le Gouvernement français a été instruit des conditions de M. Garrison, et ce n'est pas votre faute si, au lieu de traiter avec M. Garrison, il a traité avec Valentine, Billing.

Vous avez aussi entendu M. Garrison se plaindre d'un payement qu'il aurait été obligé de faire pour acheter la transaction en France; pouvez-vous préciser les prix ?

Nous avons trouvé l'allégation écrite que, dans ces arrangements, on fait entrer en ligne de compte une somme qu'on aurait payée pour corrompre les agents français, ce que les coassociés ne contestent pas, ce qui a été accepté comme fait acquis en prenant la somme en compte. Il parait qu'il y aurait eu un écho de ces faits en Amérique, puisque M. Garrison se serait plaint des sommes à payer à Paris ou à Versailles. Avez-vous entendu parler de cela ?

M. Guzman. — J'ai eu connaissance des documents dont vous venez de parler, quand je suis revenu d'Amérique. Dans les pièces envoyées au ministère de l'intérieur et que j'ai traduites, il y avait ces états de dépenses de 50,000 dollars. J'avais entendu parler par M. Garrison des déboursés qu'il avait été obligé de faire pour les règlements.

Dans ma conception, il m'avait paru que M. Garrison devait avoir payé ces sommes à des agents américains qui se trouvaient en France, pour faire accepter le marché.

M. LE PRÉSIDENT. — Arrivons à la négociation finale, après ce traité du 7 juin 1871. On vous rappelle d'Amérique. Vous avez envoyé, suivant les ordres du ministre, en Algérie, ces fameux canons qu'on acceptait en exécution de la transaction; vous avez signé un connaissement; vous avez demandé des instructions au Gouvernement; le Gouvernement ne vous envoie pas les instructions à temps; le *Zouave* part, et alors vous faites la réserve de tous les droits du Gouvernement pour tout ce que le matériel a d'incomplet, et le *Zouave* part avec un connaissement en règle. Vous avez constaté tout ce qui manquait; vous avez fait des réserves et vous avez instruit jusqu'au bout votre Gouvernement.

Vous n'êtes non plus pour rien dans le dernier cinquième qui fut payé par M. Morgan, tous les droits avaient été réservés; et si le Gouvernement ne s'est pas servi de vos réserves, ce n'est pas faute d'avoir été averti par vous.

M. GUZMAN. — Certainement; quand je suis arrivé, j'ai établi quel devait être le matériel, suivant les règlements de l'armée fédérale, des batteries prêtes à entrer en campagne. J'ai fait des réserves quant aux harnais; j'ai demandé des harnais à six chevaux.

J'ai instruit le ministre de l'intérieur de cette difficulté; je n'ai reçu aucune réponse. M. Garrison m'a trompé; il m'a laissé croire qu'il allait me donner des harnais à six chevaux par voiture. et quand le *Zouave* a été chargé, il m'a dit que c'étaient des harnais à quatre chevaux.

M. LE PRÉSIDENT. — Mais vous avez fait des réserves.

M. GUZMAN. — Je m'en suis référé à l'article du traité qui disait que les contestations seraient réglées par le ministre de la guerre à Paris.

J'ai écrit que je constatais avoir reçu la quantité de matériel portée sur le connaissement, mais que je réservais tous les droits du Gouvernement français: quant à la quantité du matériel qui devait être fourni et qui n'était pas compris dans le connaissement, je l'ai écrit sur cinq connaissements, en anglais et en français ; si l'on n'a pas porté ce connaissement à l'artillerie d'Alger, ce n'est pas ma faute.

M. LE PRÉSIDENT. — M. Morgan a-t-il, oui ou non, connu les réserves que vous aviez faites sur le connaissement?

M. GUZMAN. — Il les a si bien connues, qu'il y eut une vive altercation entre M. Garrison, qui ne voulait pas accepter ces connaissements, et moi, disant que je n'en donnerais pas d'autres.

M. Garrison a envoyé chez M. Morgan demander s'il donnerait les quatre cinquièmes payables à New-York ; M. Morgan a fait répondre qu'il les payerait.

M. LE PRÉSIDENT. — Donc il a connu les réserves qui immobilisaient le dernier cinquième ; il a payé, connaissant les réserves que vous aviez faites au nom du Gouvernement français.

M. GUZMAN. — Pour moi, cela ne fait pas de doute.

M. LE PRÉSIDENT. — Ces connaissements ont été remis à Alger.

M. GUZMAN. — C'est une autre affaire.

M. LE COMTE DE BASTARD. — Les réserves étaient des réserves générales ?

M. GUZMAN. — Oui ; il y a eu cinq connaissements faits : deux pour le navire, deux pour le banquier et un pour M. Garrison.

M. LE PRÉSIDENT. — Il a donc bien connu les réserves des connaissements, puisque c'est sur ces connaissements qu'il a payé. Les connaissements contenaient les réserves quand on les a portés à la caisse de M. Morgan ; il a connu les connaissements et les réserves, pourquoi a-t-il payé le dernier cinquième ? Vous affirmez qu'il n'a payé que sur le vu de votre connaissement, et que sur ce connaissement étaient vos réserves : que voyant le connaissement, il voyait les réserves.

M. GUZMAN. — Oui ; dans toutes ces opérations, je ne me suis pas séparé du contrôleur d'armes ; je le mettais au courant de tout ce qui se passait ; il a été témoin des scènes entre Garrison et moi dans mon cabinet.

M. LE PRÉSIDENT. — La Commission vous prie de ne pas vous éloigner.

Je ne vous laisserai pas partir, capitaine, sans être auprès de vous l'interprète de la Commission tout entière pour louer la façon intelligente, énergique et délicate dont vous vous êtes acquitté de votre mission.

Je demande à la Commission de faire mentionner mes paroles au procès-verbal. (*Assentiment unanime.*)

DOCUMENT N° 2.

DÉPOSITION DE M. LE COLONEL DESHORTIES.

M. LE PRÉSIDENT. — Colonel, vous avez été mis à la tête d'une commission qu'on a appelée « Commission d'étude des moyens de défense » ?

M. LE COLONEL DESHORTIES. — Oui, monsieur le président.

M. LE PRÉSIDENT. — Qui est-ce qui vous a donné votre mission et vos pouvoirs ?

M. DESHORTIES. — J'ai été prévenu de ma nomination par un décret au *Moniteur*.

M. LE PRÉSIDENT. — Décret signé Gambetta ?

M. DESHORTIES. — Oui, monsieur le président. Je ne sais pas s'il n'était pas signé d'autres membres.

M. LE PRÉSIDENT. — A quelle date ?

M. DESHORTIES. — C'est vers le 22 octobre 1870.

M. LE PRÉSIDENT. — Par ce décret, vos fonctions étaient parfaitement définies : vous étiez chargé d'étudier les mille inventions qui assaillaient le Gouvernement, de donner au Gouvernement des renseignements sur la valeur de ces inventions; comment se fait-il que vous ayez constitué une sorte de pouvoir exécutif, seul chargé de négocier, de correspondre, presque chargé de la direction ?

M. Deshorties. — D'abord notre mandat n'était pas le moins du monde limité par une instruction; nous avions fait nous-mêmes nos instructions. Quand M. Naquet a été chargé de se rendre auprès du ministre de la guerre, il n'y a été qu'envoyé par la Commission tout entière. Tout ce qui s'est passé s'est passé en commun.

Parmi tous les projets qui nous ont été présentés, il y avait des projets de plan de campagne, des projets scientifiques ; — il y avait à côté de nous une Commission scientifique, présidée par M. Serret, et nous lui avons adressé ce qui était du domaine pur de la science. Il y avait dans notre Commission des officiers supérieurs du génie et de l'artillerie; nous étions une Commission plus militaire que civile.

On nous a présenté une foule de projets de transformations qui exigeaient des études approfondies à la suite desquelles nous avons dû faire des propositions pour ce qui était utile.

M. le Président. — Il y avait un officier du génie, M. de Pontlevoy; quel était l'officier d'artillerie?

M. Deshorties. — Je ne me rappelle pas; il y en a deux ou trois qui se sont succédé.

M. le Président. — On n'en trouve pas trace dans les procès-verbaux, et s'ils ont été nommés, ils n'ont jamais siégé.

M. Deshorties. — Vous la trouverez dans le décret d'institution.

M. le Président. — Il y avait un ingénieur des mines?

M. Deshorties. — Il y avait M. Dormoy.

Il y a eu deux officiers d'artillerie qui ont été envoyés à l'armée.

M. le comte de Bastard. — Est-ce que ce n'est pas le colonel Thoumas ?

M. Deshorties. — Non; il avait son service à part.

M. le Président. — Vous étiez donc non-seulement une Commission scientifique, mais une Commission militaire; vous n'étiez pas chargé des achats ?

M. Deshorties. — Non, monsieur le président.

M. le Président. — Comment êtes-vous arrivés à changer un mandat spéculatif, consultatif, en un mandat en vertu duquel vous êtes arrivés à disposer de la fortune de l'État ?

M. Deshorties. — La plupart des inventeurs qui se présentaient à la Commission d'armement étaient refusés. M. Maxwell-Lyte, qui s'est présenté à cette Commission avec un excellent fusil, était promené depuis deux mois par la Commission. L'arme a été essayée par le capitaine Simon, et M. Naquet n'est intervenu pour faire signer ce marché que parce que M. Lecesne ne l'a pas voulu faire, après l'avoir promis.

M. le Président. — Nous savons l'affaire autrement que vous ne le dites ; mais c'est votre point de vue.

M. Deshorties. — Quand l'affaire Maxwell-Lyte a été réglée, l'arme ayant été trouvée excellente, il a été convenu que ce serait le président de la Commission d'armement qui ferait le marché et le ferait signer. Comme le temps pressait, qu'il y avait des transformations considérables à faire à ce système, qui était celui des carabines Enfield, nous avons pris le parti de passer outre.

Tous les inventeurs refusant d'aller à la Commission d'armement, nous étions forcés de présenter au Gouvernement tout ce qui paraissait utile à la Commission.

M. LE PRÉSIDENT. — Vous êtes en opposition avec M. Gambetta.

M. DESHORTIES. — Je n'ai pas à parler de M. Gambetta, que je respecte et que j'estime. Je ne raconte que ce qui concerne la Commission.

M. LE PRÉSIDENT. — La Commission d'armement n'avait pas à accueillir les prétendus inventeurs qui proposaient des marchés ridicules.

M. DESHORTIES. — Je ne discute pas ; je dis seulement ce qui s'est passé. Nous avons fait des marchés, parce qu'il n'y avait pas moyen de faire autrement.

M. LE PRÉSIDENT. — Je pourrais vous dire le secret ; c'est que vous donniez des prix insensés que la Commission d'armement ne donnait pas. Les fournisseurs ont tous commencé par aller très-volontiers à cette Commission, et ils ne l'ont quittée que parce qu'elle refusait des prix qui étaient exagérés et que vous avez acceptés. Mais vous n'avez pas répondu à ma question : qu'est-ce qui fait que tout à coup M. Naquet s'est trouvé à la tête d'un petit sous-comité qui s'empare de la direction et de la correspondance, et qu'au bout de quelque temps nous voyons M. Naquet correspondre télégraphiquement et par lettres, et enfin chargé de toutes les négociations, de telle sorte que le reste de la Commission disparait derrière lui ?

M. Deshorties. — Cela n'est pas exact ; il n'a jamais agi que chargé par la Commission. Tout ce qu'il a fait, il ne l'a fait que comme mandataire de la Commission.

M. le Président. — Vous me paraissez refléter un sentiment qui vous est commun avec vos collègues, celui de la défiance, je ne dis pas de l'hostilité, envers la Commission d'armement ; quel en est le motif ?

M. Deshorties. — Non, nous n'avions aucune raison de nous défier de la Commission d'armement ; mais nous étions obligés de marcher contre elle, parce qu'elle ne voulait pas marcher.

Dans l'affaire Maxwell-Lyte, nous avons demandé à M. Lecesne de faire le marché, et ce n'est qu'à la suite de retards préjudiciables que nous avons pris le parti de présenter le marché. Quand M. Naquet s'est présenté chez M. Gambetta pour le lui faire signer, il s'est présenté envoyé par la Commission.

M. le Président. — C'était de votre plein gré que M. Naquet était chargé d'un rôle plus actif ; c'était d'accord avec vous ?

M. Deshorties. — D'accord avec la Commission, je ne m'en sépare pas.

M. le Président. — Quand je dis vous, je parle de la Commission. Vous n'avez pas correspondu avec les agents ?

M. Deshorties. — *Jamais il n'y a eu une ligne écrite qu'au nom de la Commission et par la Commission.*

M. le Président. — Vous n'avez jamais écrit personnellement à vos agents en Amérique ?

M. Deshorties. — J'ai quitté la Commission vers le 12 décembre, c'est-à-dire presque immédiatement après l'arrivée à Bordeaux. Le marché des canons d'Amérique est de la fin de novembre. J'ai donc disparu de la Commission pour n'y reparaître qu'en février pendant trois jours ; dans cette période, il me sera difficile de vous donner des renseignements.

M. le Président. — Vous n'avez pas eu des rapports avec le capitaine Guzman, avec les agents d'Amérique ?

M. Deshorties. — J'avais des fonctions qui prenaient tout mon temps ; je ne correspondais pas. D'ailleurs, la Commission fonctionnait toujours ; je ne savais pas ce qu'elle faisait.

Quand j'ai reçu des lettres du capitaine Guzman, je les ai adressées à la Commission ; j'en ai reçu après la paix, elles doivent se retrouver au ministère de la guerre.

M. le Président. — Mais vous, personnellement, vous n'avez pas correspondu ?

M. Deshorties. — *Non ;* le marché a été signé à la fin de novembre. A peine le capitaine Guzman et les deux officiers qui l'accompagnaient étaient-ils partis, que j'ai quitté Tours, et Bordeaux ensuite.

M. le Président. — Vous n'avez pas eu de rapports directs avec MM. Valentine, Billing, Saint-Laurent ? Vous ne leur avez pas écrit ?

M. Deshorties. — *Non, je n'ai pas écrit depuis que le marché a été signé.*

M. le Président. — Vous n'avez eu aucun rapport

par lettre ou par dépêche, personnellement, ni avec les agents français, ni avec les contractants américains?

M. Deshorties. — *Non.*

M. le Président. — Comment expliquez-vous les incidents qui ont précédé le marché? Vous n'avez pas ignoré que M. Naquet avait eu avec M. Lecesne deux entrevues; que dans ces circonstances M. Lecesne avait déclaré à M. Naquet que Valentine, Billing, Saint-Laurent étaient venus pour traiter avec lui des canons Parrott; qu'il avait pris des renseignements sur ces canons, et qu'on pourrait les avoir pour 35,000 francs.

M. Deshorties. — Oui, mais il y a une différence : autant que je puis me le rappeler, le prix était supérieur, et, en second lieu, il s'agissait de canons non rayés et d'une portée ridicule; c'était la déclaration de M. Lecesne.

M. le Président. — Quand a-t-il fait cette déclaration? Est-ce devant vous?

M. Deshorties. — Non; je ne suis intervenu qu'une seule fois à propos de M. Lecesne et de l'affaire Maxwell-Lyte, dans le cabinet de M. Gambetta.

M. le Président. — Vous étiez dans le cabinet de M. Gambetta quand M. Naquet est venu faire signer le marché?

M. Deshorties. — Non; c'est plus tard, à propos de l'exécution de ce marché-là.

M. le Président. — Quand, en exécutant ce marché, avez-vous eu des relations avec MM. Valentine, Billing, Saint-Laurent?

M. Deshorties. — *Jamais en dehors de la Commission.*

M. le Président. — Donc, c'est devant la Commission qu'il a été dit qu'il s'agissait de canons à âme lisse?

M. Deshorties. — Je ne puis pas certifier que cela a été dit devant la Commission ; je l'ai su. Mais, pour bien spécifier que nous ne prendrions que des canons d'un modèle convenable, il a été décidé que nous demanderions l'adjonction d'un capitaine d'artillerie et que nous enverrions un officier d'infanterie et un officier de cavalerie, parce qu'il s'agissait d'*ajuster* et d'envoyer les harnais, d'acheter des fusils Enfield et Springfield.

M. le Président. — Ainsi, la Commission n'ignore pas que M. Lecesne a pris des renseignements sur les canons Parrott, qu'on doit les payer 31,500 francs pris en Amérique, et 35,000 francs rendus en France. Et vous acceptez la demande de MM. Valentine, Billing pour 75,000 francs! Que M. Naquet, sur ces questions, puisse errer, on le conçoit ; mais qu'un militaire ne sache pas que les canons, qu'ils soient à âme lisse ou rayés, cela ne peut faire qu'une légère différence dans le prix du métal ; que le prix d'une batterie n'est pas seulement dans le bronze, mais dans les attelages, dans les caissons, etc., on ne le conçoit pas. Que les canons soient rayés ou non, cela peut faire une différence ; mais comment pouvait-on expliquer une différence de cent pour cent? Comment un tube rayé pouvait-il apporter une différence de 35,000 francs?

M. Deshorties. — La différence est explicable, vous allez la comprendre.

Il y a la même différence de prix entre les canons rayés

et les canons non rayés qu'entre le fusil de 1847 et le fusil *rayé*.

M. LE PRÉSIDENT. — Ainsi vous affirmez que le seul fait de la rayure peut faire une différence de 35,000 fr. ?

M. DESHORTIES. — Je ne dis pas cela. Nous avions besoin d'une artillerie pouvant lutter avec l'artillerie prussienne; nous ne pouvions fabriquer que des canons de 4 et rayer des canons de 12.

Le canon de 4 est un joujou insensé. Nous avons cherché des canons portant à une distance convenable.

M. LE PRÉSIDENT. — Alors vous faites porter la différence sur ce fait qu'on vous a dit que les canons étaient à âme lisse au lieu d'être rayés.

Un fait qui entraine une différence aussi grande doit être confirmé. Êtes-vous entré en pourparlers avec M. Lecesne? lui avez-vous dit : « Vous dites que vous donnez des canons pour 31,500 francs; ces canons sont-ils rayés? » Vous êtes-vous informé près de M. Lecesne?

M. DESHORTIES. — Non; si nous avions fait intervenir M. Lecesne, il en serait résulté des retards considérables, et à ce moment le temps valait infiniment plus que l'argent; il nous fallait avant tout tenir tête à l'ennemi par des moyens convenables; or, tous les généraux que j'ai vus déclarent que notre artillerie était insensée, qu'elle ne portait pas. Il fallait donc, surtout avec de jeunes troupes, des armes sérieuses; or, j'ai suivi et étudié la guerre d'Amérique; si je me suis adressé aux canons Parrott, c'est que je sais qu'ils sont très-bons.

M. LE PRÉSIDENT. — Mais pourquoi ne faites-vous

pas venir M. Lecesne pour savoir de lui s'il s'agit de Parrott rayés? M. Lecesne dit et il prouve qu'il n'a jamais parlé que de Parrott rayés, que c'étaient ceux-là qu'il donnait pour 31,500 francs; il l'a dit et même il les a fournis plus rapidement que vous.

Comment! on vient, on vous dit : Voilà des canons à 31,500 francs, en voilà à 75,000; vous ne vous donnez pas la peine de faire venir celui qui les offre à 31,500 francs, pour lui dire : « Entendons-nous, quels sont ces canons? » Vous ne voulez pas vous renseigner auprès de M. Lecesne, c'est bizarre; vous êtes tous deux agents supérieurs du Gouvernement français, investis tous deux de sa confiance : ou vous croyez que M. Lecesne est digne de la confiance du Gouvernement, et vous ne devez pas lui refuser la vôtre; ou vous croyez qu'il trahit le Gouvernement, et vous devez l'avertir. Mais vous deviez dire à M. Lecesne : « D'où tenez-vous votre renseignement? » Il vous aurait dit qu'il le tenait de M. Remington, son agent en Amérique.

M. DESHORTIES. — Et son associé.

M. LE PRÉSIDENT. — Vous l'affirmez?

M. DESHORTIES. — Je n'ai pas vu le contrat, je ne voudrais pas l'affirmer; mais il passait pour être son associé.

M. LE PRÉSIDENT. — Nous reviendrons sur ce point.

Vous ne demandez pas à M. Lecesne où il a eu ces renseignements; vous n'en demandez à personne. Vous n'aviez donc pas le télégraphe à votre disposition? Vous ne pouviez pas demander aux États-Unis, au consul général, n'importe à qui : « On offre des canons au nom du gouvernement des États-Unis; ces canons sont-ils rayés ou à âme lisse ? » On vous eût répondu, cela demandait quelques heures : « Il n'y a qu'une sorte de canons, ils sont tous rayés. Il n'y a pas deux numéros ; ceux qu'on veut vous vendre 75,000 francs sont les mêmes que ceux que l'on vend 31,500 francs. » Il ne fallait qu'un coup de télégraphe, et non-seulement vous négligez les renseignements vis-à-vis de votre collègue, vous n'en prenez même pas à la source; et vous croyez que vous avez rempli votre devoir quand vous allez être dupe de fripons indignes et donner cent pour cent de plus sur la fortune de l'État que vous deviez défendre !

M. Deshorties. — Je vous demande ce que j'aurais gagné en m'adressant à M. Place, qui a fait de si jolies choses?

M. le Président. — Vous n'en saviez rien à ce moment-là.

M. Deshorties. — Nous savions qu'il voulait faire accepter des fusils qui ne valaient rien du tout, entre autres des Roberts.

M. le Président. — M. Remington vous était-il moins suspect?

M. Deshorties. — Nous n'avons jamais eu de relations avec lui.

M. le Président. — Pourquoi?

M. Deshorties. — Parce qu'il fournissait des fusils ; nous n'avions pas à nous adresser à lui.

M. le Président. — Il était l'agent du Gouvernement français pour toutes les armes, puisqu'il a acheté des mitrailleuses Gatling. Dans ce moment, il était si peu suspect, que M. Gambetta lui adressait une lettre au nom du pays tout entier. Si je vous lisais cette dépêche, vous verriez qu'il avait sa confiance, et qu'il la méritait

M. Deshorties. — Il me semble que la discussion dégénère; vous avez l'air de me considérer comme faisant partie de la Commission d'armement.

M. le Président. — Non; vous êtes sorti de vos attributions, je vous en blâme; vous n'en aviez pas le droit.

M. Deshorties. — Je n'accepte pas votre blâme.

M. le Président. — Je le motiverai tout à l'heure.

M. Deshorties. — Nous ne sommes sortis de nos attributions que dans un but de défense nationale.

M. le Président. — Qu'est-ce que cela a produit dans l'affaire ?

M. Deshorties. — Cela aurait produit quelque chose, si nous avions pu avoir les canons en temps utile. Je suis sorti de la Commission presque aussitôt après la signature du marché; mais je déclare que j'aurais encore à recommencer, que je le ferais, parce que le temps est plus que de l'argent, et que personne ne voulait se charger de faire arriver ces canons indispensables.

M. le Président. — Je ne puis pas comprendre votre réponse. En quoi avez-vous abrégé les délais, en payant 75,000 francs ce que vous pouviez avoir pour 31,500 francs? C'est là le terrain des débats : on vous propose d'acheter des canons 75,000 francs, vous êtes informé qu'on peut avoir ces canons à 31,500; pourquoi ne vous êtes-vous pas renseigné pour savoir s'il s'agissait des mêmes canons? Vous écartez M. Place, M. Remington ; mais M. Treilhard, ministre de France, vous était-il suspect?

M. Deshorties. — Je ne le connais pas.

M. le Président. — Il ne s'agit pas de le connaître ; il s'agit de savoir si les canons que ces fripons venaient vous vendre 75.000 francs n'étaient pas les mêmes que ceux qu'on pouvait avoir à 31.500 francs.

M. Deshorties. — Vous qualifiez ces gens de fripons, nous n'en savions rien ; je ne les défends pas, mais la plupart de ceux qui se posaient comme intermédiaires étaient des fripons ; nous en avons mis beaucoup à la porte.

M. le Président. — Pas assez.

M. Deshorties. — Nous manquions de canons ; il nous en fallait à tout prix.

Oh ! si nous avions su que nous étions volés !

M. le Président. — Mais on vous a avertis.

M. Deshorties.—J'ignore qu'on ait averti quelqu'un de la Commission pendant mon absence de six semaines au moins. Je reviens à l'affaire Maxwell-Lyte. M. Lecesne prétendait qu'il avait l'appareil obturateur du fusil Enfield pour six francs. Nous prenons des renseignements ; savez-vous ce qu'il avait? Un instrument de l'appareil, le quart de l'appareil ; de telle façon que nous n'avons cru ni les uns ni les autres à la véracité de ce que disait M. Lecesne quant au prix des batteries.

M. le Président. — Et vous avez cru à la véracité de ces gens ; vous avez cru qu'ils avaient à leur disposition un matériel d'artillerie considérable ?

M. Deshorties. — Non, nous n'avons cru à la véra-

cité de personne ; nous avons cru à la présence d'un
matériel qui serait bon, puisque nous avions envoyé
pour le contrôler. Nous savions que nous le payerions
cher, mais dans ce moment-là tout se payait très-cher.

M. LE PRÉSIDENT. — Quelles étaient les recomman-
dations de ces gens ?

M. DESHORTIES. — Aucune.

M. LE PRÉSIDENT. — Et vous avez accepté sans renseignements toutes leurs prétentions, alors que vous
étiez averti qu'on vous trompait.

M. DESHORTIES. — Les renseignements qui nous
étaient donnés paraissaient si peu sérieux que nous ne
pouvions pas les admettre.

M. LE PRÉSIDENT. — Il fallait les contrôler.

M. DESHORTIES. — On avait parlé de canons lisses :
un canon lisse ou un canon rayé, ce n'est pas la même
chose.

Je vous le répète, nous n'avions pas de recommanda-
tion ; cependant ces messieurs offraient la garantie d'un
million de cautionnement, ce n'étaient pas les premiers
venus. Si le cautionnement n'a pas été versé, je n'en
suis pas l'auteur ; mais voilà la convention.

M. LE PRÉSIDENT. — Je laisse cet ordre d'idées ; je
crois que votre devoir, puisque M. Lecesne vous était
suspect...

M. DESHORTIES. — Je ne dis pas suspect : pour moi,
les renseignements donnés par M. Lecesne ne pouvaient
pas me donner une grande confiance.

M. LE PRÉSIDENT. — Sur quoi vous fondez-vous pour
dire que M. Lecesne était l'associé de M. Remington ?

M. Deshorties. — Je l'ai entendu dire.

M. le Président. — A ce moment-là?

M. Deshorties. — Oui, c'était ma conviction.

M. le Président. — Alors vous deviez trouver sa situation fausse, entre son intérêt personnel et l'intérêt de l'État, et vous n'avez pas averti le Gouvernement?

M. Deshorties. — Pour moi, ce n'était pas autre chose qu'un négociant.

M. le Président. — La Commission avait-elle consulté la direction de l'artillerie sur la valeur d'un canon?

M. Deshorties. — Non, nous ne l'avons pas consultée. M. Petin-Gaudet est venu, il nous a présenté les plans des canons Reffye. Ces canons, on ne les avait pas fait fabriquer. Nous avons eu la conviction que si nous proposions cela à cette espèce de comité d'artillerie, qu'on avait ramassé partout, nous perdrions un temps considérable. M. Petin-Gaudet s'est chargé de fabriquer, nous n'avons pas passé par le comité.

M. de Corcelle. — Vous considérez M. Lecesne comme un négociant; il était président de la Commission d'armement.

M. Deshorties. — Pour moi, il était un négociant.

M. de Corcelle. — Avez-vous une preuve, un document, quoi que ce soit qui indique qu'il était l'associé de M. Remington?

M. Deshorties. — Non, rien; je le croyais, parce qu'on le disait; je savais que M. Lecesne, étant négociant, devait avoir des relations de ce genre.

M. le Président. — Vous nous avez dit que vous

n'aviez pas de correspondance avec les agents français, ni avec les contractants ; rappelez bien vos souvenirs.

M. Deshorties. — Je vous ai expliqué ce qui s'est passé ; je ne pense pas avoir écrit aux agents français, je n'en avais pas le temps, j'étais à l'armée...

M. le Président. — N'allez pas plus loin : il me serait pénible de vous prouver que vous êtes en contradiction avec vous-même ; vous avez écrit une lettre au capitaine Guzman.

M. Deshorties. — *C'est possible, mais je déclare sur l'honneur que je ne me le rappelle pas.*

M. le Président. — Vous avez écrit une lettre au capitaine Guzman. Dans cette lettre il y a la preuve que vous aviez des rapports obligeants avec les contractants.

M. Deshorties. — Nous nous étions séparés avec eux dans des termes convenables.

M. le Président. — Vous disiez que vous n'aviez eu aucun rapport avec les contractants.

M. Deshorties. — J'ai expliqué la chose ; à partir du jour où ces messieurs ont disparu, nous n'avons plus eu aucun rapport avec eux.

M. le Président. — N'allez pas plus loin.

M. Deshorties. — Voulez-vous me montrer la lettre ?

M. le Président. — Je vais vous la montrer, mais cette lettre était renfermée dans la lettre du capitaine Guzman.

M. Deshorties. — C'est possible.

M. le Président. — Le capitaine Guzman n'a pas cru pouvoir en disposer sans votre autorisation ; nous avons respecté ses scrupules, et nous vous demandons si vous voulez l'autoriser à remettre la lettre.

M. Deshorties. — *Parfaitement.*

M. le Président. — Alors je vais lui faire demander de nous la remettre.

(L'un de MM. les secrétaires va demander la lettre au capitaine Guzman et la rapporte.)

Le capitaine Guzman a expliqué à la Commission qu'il avait attendu très-longtemps des instructions; que, ne les voyant pas venir, il était extrèmement préoccupé; qu'un jour il avait été averti qu'il y avait une lettre à son adresse, annoncée dans les journaux; que cette lettre était restée à la poste; qu'il alla la chercher avec ses deux collègues; que dans cette lettre en était renfermée une autre.

M. Deshorties. — *Parfaitement.*

M. le Président. — Ces messieurs, en l'absence d'instructions, sachant que vous étiez le président de la Commission, crurent qu'il ne devait pas y avoir de secrets.

M. Deshorties. — *Ils avaient raison.*

M. le Président. — Je ne sais pas ce que cette lettre contient; mais jusqu'au dernier moment, le capitaine Guzman, fidèle à ce qu'il doit à son chef hiérarchique et aux convenances qu'on se doit entre hommes d'honneur, n'a pas voulu livrer la lettre sans votre permission.

Ces messieurs, après avoir tenu un petit conseil, ont cru devoir l'ouvrir, pensant qu'elle pouvait contenir des instructions qui manquaient dans la leur; ils ont ouvert la lettre.

M. Deshorties. — Voulez-vous avoir la bonté de me donner la date ?

M. le Président. — 13 février.

M. Deshorties. — C'est-à-dire après la conclusion de l'armistice, la Commission n'existant plus.

M. le Président, *lisant :*

> « Bordeaux, le 13 février 1871.

« Mon cher capitaine, je vous prie de vouloir bien faire remettre l'incluse à M. W. Saint-Laurent, dont j'ignore l'adresse. Veuillez, à cette occasion, remettre en mémoire à M. W. Saint-Laurent que je l'ai prié de me faire l'acquisition, pour mon musée, d'armes des Indiens encore sauvages, et de quelques autres d'origines diverses qui lui paraitraient rares, en lui rappelant que je ne tiens nullement aux armes de luxe.

« Votre bien affectionné,

> « *Signé :* Deshorties. »

M. Deshorties. — Remarquez la date, la Commission n'existait plus.

M. le Président. — Il y a un procès-verbal du 13 février.

M. Deshorties. — C'est le dernier.

M. le Président. — Voici maintenant la lettre adressée à M. Saint-Laurent, et envoyée fermée dans la première :

> « Bordeaux, 13 février 1872.

« Monsieur W. Saint-Laurent,

« Par l'initiative inqualifiable de M. Descombes,

membre de la Commission de défense, et à l'insu de la Commission, une dépêche annulant votre marché a dû vous être envoyée avant-hier.

« Dans la séance de ce jour, qui sera la dernière, la Commission, réunie sous ma présidence, qualifie sévèrement la conduite de M. Descombes, et prie le ministre de la guerre d'envoyer une contre-dépêche et de maintenir le marché. Cette décision est fortement motivée.

« Si, contre mon attente, vous ne receviez pas de contre-dépêche, maintenez les clauses de votre marché et poursuivez hardiment le Gouvernement de la *capitulation nationale;* c'est ainsi qu'on l'appelle aujourd'hui. Ce conseil, je vous le donne personnellement et sans aucune immixtion de la Commission. Ne l'oubliez pas.

« Recevez, cher Monsieur, mes salutations empressées.

« *Signé :* DESHORTIES.

« Je suis envoyé à Cherbourg (Manche), sous-chef d'état-major des troupes réunies dans la presqu'île du Cotentin. C'est là que vous devrez me répondre, en ajoutant l'indication : *Faire suivre en cas de départ.*

« Les élections sont ignobles. La paix à tout prix avec la rentrée probable des d'Orléans. »

Vous voyez la gravité de cette lettre.

M. DESHORTIES. — Elle n'est pas très-grave.

M. LE PRÉSIDENT. — Je vous donnerai la parole tout à l'heure ; je vous prie de ne pas me l'ôter quand je la prends.

Voilà donc l'incident : M. Descombes, sachant combien le marché est onéreux, ayant été instruit jour par jour, comme vous, des abus de confiance des contractants, de ce qu'il y avait de frauduleux dans leur conduite vis-à-vis du Gouvernement français, M. Descombes avertit le Gouvernement en disant : « Vous êtes dupes de fripons, résiliez. »

La Commission d'étude, malgré les rapports du capitaine Guzman, *qu'il faut lire pour comprendre la gravité de tout cela*, flétrit la conduite de M. Descombes.

Mais voici qui est plus grave : un officier français prend personnellement la défense de ces coquins contre le Gouvernement, et il dit : « Si, contre mon attente, vous ne receviez pas de contre-dépêche, maintenez les clauses de votre marché et poursuivez hardiment le Gouvernement de la capitulation nationale. »

Quel que fût le Gouvernement à ce moment, s'il n'avait pas votre approbation, c'était le Gouvernement de votre pays ; et vous vous faites l'avocat de pareils fripons qui le trompaient. Vous savez qu'ils n'ont rien donné, que 6 millions ont été immobilisés, qu'ils ont agi de la façon la plus indigne ; cela est révélé par les lettres, et c'est pour eux que vous prenez fait et cause contre le Gouvernement !

M. Deshorties. — Voulez-vous me permettre ?

M. le Président. — Oui, j'ai fini de parler. Ces lettres seront au procès-verbal, et communication en sera faite au ministre de la guerre.

M. Deshorties. — Oui, voici l'explication de ma conduite ; cela m'est personnel, j'ai dégagé la Commission parce qu'elle n'avait rien à y voir. Je vous ai expliqué que je n'avais pas personnellement agi dans la Commission depuis le moment où je suis parti pour l'armée de l'Est. Toutes les lettres que j'ai reçues du capitaine Guzman, je les ai adressées à la Commission, qui en a fait ce qu'elle a voulu.

J'ignore les phases du marché à partir du moment où j'ai quitté la Commission ; le capitaine Guzman et les deux autres officiers n'étaient pas encore en Amérique.

A mon arrivée à Bordeaux, j'apprends, et toute la Commission avec moi, que M. Descombes s'était présenté à M. Verbeckmoës et lui avait demandé le dossier de la Commission ; qu'il était allé trouver M. Arago, remplaçant M. Gambetta, démissionnaire, pour lui demander que ce traité fût déchiré.

Or, voici ce que j'ai compris : c'est qu'on s'empressait de démolir tous nos moyens de défense, pour arriver à une paix à tout prix ; on démolissait le ministère, on chassait M. Freycinet, nous étions des coquins qu'il fallait mettre hors la loi, et, en supprimant ces marchés, on se mettait dans l'impossibilité de continuer la guerre ; c'est ce qui m'a dicté cette lettre, que je reconnais très-vive, très-brutale, mais qui était l'expression de mon indignation en ce moment.

Quand nous avons appris que M. Descombes avait fait ces démarches, j'ai demandé, comme président, des explications au secrétaire, en présence de M. Descombes. J'ai blâmé le secrétaire d'avoir remis les pièces sans l'assentiment de la Commission ; j'ai écrit à M. Arago, en disant que je ne pensais pas qu'on pût résilier le marché, parce que je venais d'apprendre qu'on avait fait une avance de trois millions, — je ne savais pas qu'on n'avait pas pu la faire : — je disais : C'est une perte sèche pour l'État, si les trois millions ont été versés. Heureusement ils ne l'ont pas été ; mais sachant que M. Descombes s'y était pris de cette façon, sans consulter la Commission, après avoir voté comme les autres...

M. LE PRÉSIDENT. — Il le nie.

M. DESHORTIES. — Il a menti.

Quand on fait des démarches subreptices, c'est qu'on a de mauvaises intentions.

M. LE MARQUIS D'ANDELARRE. — Quel intérêt avait-il?

M. LE PRÉSIDENT. — Veuillez vous borner à vous défendre.

M. DESHORTIES. — Je n'ai pas à me défendre, je ne me défends pas ; j'ai écrit une lettre qui était dans mon opinion à cette époque. Mon but était d'empêcher qu'on démolît tous nos moyens de défense, pour le cas où l'armistice ne serait pas prolongé.

M. LE PRÉSIDENT. — Je voulais vous dire que vous n'aviez qu'à donner des explications, et que la Commission était impressionnée péniblement, quand vous parliez ainsi d'un honnête homme. Nous n'apprécions pas, comme vous, sa conduite ; nous n'y voyons pas une perfidie, mais la conduite d'un honnête homme, qui avertit le Gouvernement et lui dit : « Vous êtes trompé par des fripons, résiliez » ; et quand on avertit son Gouvernement, on fait ce que vous auriez dû faire.

M. DESHORTIES. — Vous avez terminé ?

M. Descombes a pris la présidence de la Commission à ma place, quand je suis parti ; pourquoi, au lieu d'aller faire une démarche clandestine, n'a-t-il pas réuni la Commission pour lui demander son sentiment et lui demander de faire ce qu'il a fait? Nous l'aurions fait.

M. LE PRÉSIDENT. — Il l'a réunie le 10.

M. DESHORTIES. — Ce n'était pas pour lui demander de prendre les dossiers.

M. LE PRÉSIDENT. — Non-seulement il l'a réunie, mais il a voulu provoquer la résiliation.

M. DESHORTIES. — Je n'en sais rien.

M. LE MARQUIS D'ANDELARRE. — Alors n'accusez pas.

M. DESHORTIES. — Nous ne nous entendons pas.

M. LE MARQUIS DE MORNAY. — Nous ne nous entendrons jamais.

M. DESHORTIES. — Je blâme la démarche de M. Descombes, parce qu'elle a été ignorée de la Commission; nous l'avons flétrie, parce qu'elle était intempestive.

Un membre. — Vous dites : « J'aurais pris l'initiative », et le 13, vous écriviez : « Poursuivez les actes. »

M. DESHORTIES. — Vous savez sous quelle impression; j'étais partisan de la continuation de la guerre.

M. LE PRÉSIDENT. — Ces gens déclarent qu'ils ont payé à beaux deniers comptants les décisions qui leur sont favorables; ils font planer sur vous et sur vos collègues les plus odieuses insinuations; ils portent en compte une somme qu'ils vous auraient payée, je ne dis pas à vous personnellement, et ils acceptent cette somme comme ayant payé des complaisances, et M. Garrison tient le même langage, et il se plaint de ce qu'il en coûte si cher, en France, pour obtenir un marché.

M. Deshorties. — Je mets au défi de prouver qu'aucun de nous ait jamais touché un centime, et, à cet égard, je puis invoquer le témoignage de tous les membres de la Commission; on nous a offert des pots-de-vin, à moi personnellement.

M. le Président. — Qui?

M. Deshorties. — Cela me regarde.

M. le Président. — Alors, il ne faut pas le dire.

M. Deshorties. — Demandez aux membres de la Commission; la première chose que j'ai faite, cinq minutes après cela, a été de faire connaître le fournisseur insolent qui avait fait cette offre, et on ne l'a plus reçu dans la Commission.

M. Donnet. — C'est tout ce qu'on a fait contre ce fournisseur?

M. Deshorties. — Quant à ce qui est de l'argent, j'ai une réputation au-dessus de cela.

Nous avons eu des renseignements sur le compte de ce fournisseur, il ne valait pas la peine d'être poursuivi; c'est un malheureux qui n'a plus le sens moral.

M. le Président. — Vous n'avez jamais eu de rapports personnels avec les contractants, Saint-Laurent, Billing et Valentine, en dehors de la Commission?

M. Deshorties. — Jamais; ces lettres, je les ai oubliées; j'étais convaincu que ce n'était pas une œuvre de la Commission.

M. le Président. — Voici un extrait de la séance du 13 février :

« La Commission s'étonne qu'au mépris de la décision prise dans sa séance du 10 février, dans laquelle elle avait décidé que le marché en question recevrait son exécution, M. Descombes se soit présenté clandestinement, et sans titre, au ministère de l'intérieur pour surprendre aux membres du Gouvernement une décision déplorable.

« La Commission croit devoir consigner au procès-verbal l'expression de sa vive indignation pour le procédé de M. Descombes. »

Il s'était adressé à ses collègues; il les avait adjurés de ne pas persister dans un marché où les intérêts du Trésor avaient été spoliés. Ses collègues refusent, et c'est alors qu'il va prévenir le Gouvernement. Que dit la Commission d'étude? Que ce procédé est indigne; qu'il est indigne d'avoir défendu le Gouvernement de son pays, et de l'avoir prévenu qu'il était victime de fripons.

Voilà la séance du 13 février.

M. LE MARQUIS DE MORNAY. — Elle est signée par le colonel?

M. DESHORTIES. — Non, elle est signée de M. Naquet.

Pourquoi M. Descombes va-t-il surprendre un secrétaire adjoint pour se faire remettre le dossier?

Voulez-vous me permettre une observation?

M. LE PRÉSIDENT. — Tout ce que vous voudrez.

M. DESHORTIES. — Je suis tellement convaincu de l'honorabilité de mes collègues, que je parierais qu'ils n'ont pas su que Valentine, Billing, étaient des fripons.

M. LE PRÉSIDENT. — Vous perdriez, parce que M. Naquet nous a dit que sur ce point il était édifié.

M. DESHORTIES. — Moi aussi; mais depuis quelle

époque? Je vous garantis que si une preuve était arrivée sous ma présidence, le marché eût été cassé.

M. LE PRÉSIDENT. — Vous avez eu, le 31 janvier, une mission du préfet du Rhône?

M. DESHORTIES. — Je ne me rappelle pas. Oui, c'était une mission pour M. Gambetta; il m'avait remis une lettre, je ne sais pas ce qu'elle contenait.

M. LE PRÉSIDENT. — Vous n'aviez pas de mission verbale?

M. DESHORTIES. — Non, ou si j'en avais une, je ne me le rappelle pas.

M. LE MARQUIS DE MORNAY. — Le colonel a dit qu'on avait offert des pots-de-vin, il a cité un fait; oui ou non, d'autres faits semblables se sont-ils produits, d'autres propositions ont-elles été faites à l'un ou à l'autre des membres de la Commission?

M. DESHORTIES. — A ma connaissance, aucune.

DOCUMENT N° 3.

LETTRE DU CAPITAINE GUZMAN AU COLONEL COMMANDANT
LE RÉGIMENT D'ARTILLERIE PONTONNIERS.

« Avignon, 7 décembre 1872.

« MON COLONEL,

« J'ai l'honneur de vous adresser les explications relatives à la plainte en conseil de guerre formulée contre moi par le colonel Deshorties.

« Ces explications peuvent se réduire à ceci :

« 1° *Je n'ai pas violé le secret d'une lettre.* J'ai agi comme agirait, en campagne, une autorité militaire compétente prenant connaissance des dépêches de service envoyées à un fonctionnaire ou fournisseur qui fait défaut. Dans les circonstances extrêmes où nous nous trouvions, et après mûre délibération, les membres de la Commission et moi avons ouvert la lettre, avec la simplicité de gens incapables de penser que le président de la Commission des moyens de défense nous faisait les agents d'une correspondance secrète, subreptice, entre lui et les contractants.

« 2° *Cette lettre n'était pas confiée à mon honneur.* Loin d'être adressée comme confidentielle, cette lettre portait, sur l'enveloppe, l'adresse : MM. W. Saint-Laurent et Billing, et n'était, par conséquent, qu'une lettre émanant de la Commission de défense pour les contractants, et dont nous avions droit d'avoir connaissance pour exécuter les ordres directs que le Gouvernement m'avait envoyés par télégramme, le 13 février. Rien ne lui donnait un autre caractère. C'est une erreur grave du colonel Deshorties, quand il dit que j'étais son *mandataire*, tandis que j'étais celui du Gouvernement et ne pouvais nullement servir d'agent particulier à sa correspondance avec les contractants.

« 3° *Je n'ai pas abusé du dépôt qui m'était échu*. J'ai dû, agissant comme administrateur, garder ce dépôt pour assurer au besoin mon honneur personnel et celui des officiers sous mes ordres. Je n'en ai pas révélé l'existence; j'ai été surpris que la Commission des marchés en eût connaissance; j'ai alors soumis les scrupules d'un sentiment de délicatesse naturel à des hommes d'honneur au jugement desquels je me suis conformé.

« Les procès-verbaux de la Commission des marchés font foi de ce que j'avance.

« Comme j'ai tout à gagner à ce que cette affaire soit examinée dans les détails les plus minutieux, j'ai l'honneur de vous envoyer, avec cette réponse, un exposé circonstancié des faits, afin que vous puissiez porter un jugement sur mes actes en toute connaissance de cause.

« Le colonel Deshorties m'a écrit, le 9 juillet, une lettre dont la copie est ci-jointe, ainsi que celle de la réponse que j'y ai faite en la trouvant à Avignon, le 15 juillet. Depuis lors, c'est-à-dire depuis plus de cinq mois, le colonel n'a donné aucune suite à cette affaire. Sa plainte retombe lourdement sur sa tête. »

EXPOSÉ CIRCONSTANCIÉ JOINT A LA LETTRE PRÉCÉDENTE.

7 décembre 1872.

I

J'ai été envoyé en Amérique au mois de décembre 1870,
avec mission de surveiller l'exécution d'un contrat d'armes passé à Tours sur la proposition de la Commission
d'études des moyens de défense, présidée par le colonel
Deshorties, et dont M. Naquet était secrétaire. J'ai
amené avec moi un contrôleur, et j'ai rejoint en Amérique deux officiers partis avant moi pour le même objet.
Nous formions, à nous quatre, une Commission de réception dont j'étais président.

Je n'ai jamais eu avec le colonel Deshorties que des
relations strictement officielles. Il m'a reçu quelques
instants avant mon départ, et j'ai apporté un soin scrupuleux à le renseigner sur la marche des affaires dont j'é-
tais chargé et sur la conduite indigne des contractants,
spécialement de M. W. Saint-Laurent. J'ai écrit à cet
effet une et souvent deux fois par semaine, dans le courant de décembre 1870, janvier et février 1871.

Aucune réponse ou instruction quelconque du président de la Commission des moyens de défense ne m'a été adressée. Les seules communications que m'ait fait tenir la Commission d'études se composent de télégrammes signés par M. Naquet, relatifs aux sursis accordés aux contractants, et de remerciments à transmettre à M. Pelletier.

J'ai reçu directement, le 13 février 1871, des membres du Gouvernement, un télégramme disant que le Gouvernement résiliait le contrat *et s'opposait à l'envoi des armes*. Ce télégramme était signé : Em. Arago, Garnier-Pagès, Crémieux, général Le Flô, Eug. Pelletan, Jules Simon [1].

Je demandai immédiatement des instructions de détail ; j'envoyai un officier en France pour obtenir des ordres pour les autres membres de la Commission. Cet officier me fit savoir qu'on allait prendre de nouveaux arrangements. Les premiers contractants étaient partis, ou plutôt avaient disparu de New-York, cédant leurs droits sur le traité à un négociant américain qui menaçait de nous faire arrêter, comme responsables des dommages à lui causés par le Gouvernement français, par suite de la rupture du contrat. Nous allions manquer d'argent, car nous avions été remis, à cet égard, aux soins des contractants, comme banquiers.

---

[1] Voici le texte de ce télégramme : « Pour le capitaine Guzman. Attendu que la livraison des armes achetées par la maison Billing n'a pas eu lieu dans les délais fixés par les conventions, les soussignés, membres du Gouvernement de la Défense nationale, ont déclaré résilier le traité et s'opposer à l'envoi des armes. *Signé :* Em. Arago, Garnier-Pagès, Crémieux, général Le Flô, Eug. Pelletan, Jules Simon. »

Dans ces circonstances, vers la fin de mars 1871, MM. Massot, lieutenant d'infanterie, et Audubert, contrôleur, présents à New-York, m'apportèrent une lettre timbrée de Bordeaux, 13 février, et qui, à cause d'une adresse mal mise, était restée à la poste, et avait été annoncée dans les journaux, à la mode américaine. Le 13 février étant précisément la date de la dépêche du gouvernement de la Défense nationale, nous ne fîmes pas de doute que la lettre de Bordeaux ne vînt corroborer ce télégramme, et nous apporter les instructions indispensables qui nous manquaient, malgré nos nombreuses communications et demandes. Nous ouvrîmes le pli en commun ; il contenait ce qui suit :

« Mon cher capitaine, je vous prie de vouloir bien faire remettre l'incluse à M. W. Saint-Laurent, dont j'ignore l'adresse. Veuillez, à cette occasion, remettre en mémoire à M. W. Saint-Laurent que je l'ai prié de me faire l'acquisition, pour mon musée, d'armes des Indiens encore sauvages, et de quelques autres d'origines diverses qui lui paraîtraient rares, en lui rappelant que je ne tiens nullement aux armes de luxe.

« Votre bien affectionné,

« *Signé :* DESHORTIES. »

Nous fûmes bien surpris et froissés de la teneur de cette lettre. L'incluse portait la suscription : *Messieurs W. Saint-Laurent et Billing.* M. Saint-Laurent avait quitté New-York pour l'Europe sans laisser d'adresse; M. Billing n'était jamais venu à New-York, à notre connais-

sance. Nous avions renseigné le colonel Deshorties sur
M. Saint-Laurent, dont les manières d'agir, une fois le
contrat rompu, étaient devenues telles, que nous n'aurions pu conserver aucune relation avec lui. Après nous
être consultés, nous fûmes tous trois d'avis qu'une lettre
adressée par le *président de la Commission* aux *contractants,* en *nom collectif* et *par mon intermédiaire,*
devait être un document officiel et ne pouvait être autre
chose. Je me serais interdit, à tous les points de vue,
d'être l'agent particulier du colonel Deshorties auprès
de M. Saint-Laurent, et c'était un rôle que je ne pouvais pas accepter aussi légèrement qu'il m'était offert,
et qu'on n'avait aucun droit de m'imposer. Vu les circonstances du moment, tant en France qu'en Amérique, il était urgent de nous fixer sur ce qu'allait devenir le marché Billing, afin de régler là-dessus nos
opérations. Toutes ces considérations nous déterminè-
rent à ouvrir la lettre, qui devait uniquement concer-
ner la mission, et nous en primes connaissance.

II

La contradiction flagrante de la lettre adressée aux
contractants avec le télégramme du Gouvernement du
13 février, dont j'étais chargé d'assurer l'exécution, ne
me permettait pas de me faire l'agent complaisant du
colonel Deshorties.

Mais loin de faire une révélation quelconque con-

cernant le président de la Commission des moyens de
défense, j'ai gardé le silence sur l'existence des deux
lettres du 13 février, quoique rien ne m'y obligeât,
que rien ne m'eût été remis à un titre confidentiel. Vu
les circonstances, je devais conserver ces communications pour ma sûreté personnelle et celle des autres officiers mêlés à cette affaire ; mais je n'avais nul désir,
nulle intention d'en faire une arme offensive ; je ne pouvais y avoir aussi nul intérêt. La preuve de mon silence
est dans le soin que je pris de ne rien mentionner de
cette correspondance, si importante cependant, sur le
Journal où je tenais note minutieuse des incidents de
notre mission, Journal que je m'apprêtais à livrer au
besoin à la plus grande publicité.

Je mis les deux lettres dans mon portefeuille : l'une
m'appartenant, l'autre en dépôt, pour la rendre au président de la Commission des moyens de défense. J'avais
le droit d'attendre qu'après les tribulations auxquelles
mes camarades et moi avions été soumis par suite du
marché Billing, le colonel Deshorties s'occuperait de
nous d'une manière quelconque. Mais comme il ne me
fournit pas même un accusé de réception des lettres
d'un intérêt public majeur que je lui avais adressées, il
était bien naturel que je ne répondisse pas, avant plus
ample informé, à une communication de la nature de
la lettre du 13 février.

Par la suite, j'espérais, en me taisant, sauvegarder à
tous les points de vue l'honneur de l'uniforme français ;
il n'y avait pas d'inconvénient à laisser cette correspondance subreptice tomber dans un profond oubli ; elle le

pouvait facilement, puisque le président de la Commission d'études a déclaré *quatre fois de suite et sur l'honneur*, devant la Commission des marchés, qu'il n'avait jamais écrit aux contractants ou qu'il ne s'en souvenait pas. Voici maintenant pourquoi j'ai dû produire la lettre que le colonel m'avait écrite :

La première fois que j'ai été appelé par la Commission des marchés, j'ai été convoqué chez le duc d'Audiffret-Pasquier, que je ne connaissais pas, à une réunion où se trouvaient M. Riant et M. Letrésor de la Rocque. M. d'Audiffret-Pasquier commença un exposé sévère dans lequel il me déclara que j'étais mêlé, malheureusement pour moi, à des manœuvres coupables, sur lesquelles il avait mission d'appeler toutes les rigueurs des lois et de l'opinion publique; que je serais rangé impitoyablement dans la catégorie des gens dont on allait poursuivre les méfaits, si je ne rendais pas un compte sincère de toutes mes relations et correspondances, à propos du contrat Billing.

Étonné d'être interpellé de cette manière, je répondis : « Voilà tous les documents, voilà le Journal minutieux que j'ai tenu. Je n'ai à souhaiter que de les voir publiés, imprimés et distribués, car je ne rougis ni de mes actes, ni d'une ligne de mon écriture. Mon honorabilité est au-dessus de tous les soupçons. »

« Le colonel Deshorties vous a écrit, me dit le duc d'Audiffret-Pasquier.

— Une fois.

— Jamais qu'une seule fois ?

— Qu'une seule fois.

— Montrez-nous sa lettre. »

Je ne pouvais pas éviter de montrer la lettre du président de la Commission, qui n'était à aucun titre confidentielle.

Après l'avoir lue tout haut, le duc demanda ce qu'était devenue la lettre incluse destinée aux contractants.

Je rendis un compte détaillé des conditions dans lesquelles m'avaient mis la réception de la lettre du colonel Deshorties, la disparition des contractants et l'absence totale d'ordres et d'instructions, sauf la dépêche si précise du Gouvernement. Je leur dis que ces circonstances m'avaient obligé à conserver la lettre incluse, mais que je la considérais comme un dépôt dans mes mains, et que je faisais appel à leur conscience pour juger la position délicate dans laquelle ils me mettaient en me la demandant. « Je vous en fais juge », dis-je.

« Vous ne sauriez avoir de meilleur juge en cette matière, me dit M. Letrésor de la Rocque, que le duc d'Audiffret-Pasquier, dont la décision est une autorité en fait de point d'honneur. »

Ces messieurs approuvèrent mes scrupules. Ils décidèrent qu'ils demanderaient eux-mêmes au colonel communication de sa lettre aux contractants. Les comptes rendus imprimés de la Commission des marchés font foi du reste. C'est sur l'ordre du président de cette Commission (*Procès-verbaux*, page 14) que j'ai dû rester à attendre la décision du colonel Deshorties. Quand un secrétaire de cette Commission m'a demandé, de la part du colonel Deshorties, de remettre ce document, le colonel venait de déclarer publiquement *que j'avais eu raison de considérer qu'il ne devait pas y avoir de secrets entre lui et les contractants.* La contradiction formelle de sa dépêche avec les ordres directs du Gouvernement, dont j'étais chargé d'assurer l'exécution, m'a obligé à suivre la ligne de conduite que je viens d'expliquer, et qui a reçu l'approbation de tous ceux qui ont été appelés à étudier et à juger cette affaire.

DOCUMENT N° 5.

DÉCISIONS DES AUTORITÉS COMPÉTENTES.
CONCLUSION.

Quels sont les jugements portés sur la conduite du capitaine Guzman ?

A propos des deux missions successives remplies en Amérique par cet officier au sujet du contrat Billing, la Commission des marchés de l'Assemblée nationale s'exprime ainsi : « Dans ces deux missions, M. Guzman a montré beaucoup d'énergie ; sa correspondance révèle une rare intelligence. La Commission a tenu à consigner, dans le procès-verbal de la séance du 8 juillet, les sentiments d'estime que lui inspirent l'attitude ferme et la conduite du capitaine Guzman. »

Relativement au prétendu abus de confiance dont se plaint M. Deshorties, le colonel Marion, commandant le régiment dont M. Guzman fait partie, se prononce de la manière suivante : « Je ne connais pas M. le colonel Deshorties, mais je connais parfaitement M. le capitaine Guzman, et il est de notoriété que cet officier est des plus dignes, des plus honorables, jouissant de l'estime de tous, de la considération de ses chefs, et qu'il est tout à fait incapable d'avoir commis la faute qu'on lui reproche. Aussi mon avis est-il que la plainte qu'on a si malheureusement portée contre lui doit être écartée.»

Sur le même point, le général commandant la neu-
vième division militaire décide, en statuant sur la plainte
en question, « *que le capitaine Guzman n'a fait qu'obéir
aux devoirs et aux exigences de sa position, et n'a commis
aucun délit* ».

Le lieutenant-colonel Deshorties trouve indigne l'officier qui se refuse à être le mandataire complaisant de
ses relations particulières et subreptices ; il trouve
étrange que cet officier, chargé de la réception d'un
marché important, pèse mûrement tous ses actes, in-
scrive soigneusement ses instructions, et prenne des
mesures pour sauvegarder son honneur personnel, au
milieu des difficultés suscitées par les fautes et les indé-
licatesses d'autrui. On peut juger aujourd'hui la nécessité, l'importance de ces soins !

Pour répondre à un pamphlet odieux, où manquent
les premiers éléments d'appréciation, il était d'abord
indispensable de donner connaissance des documents
qui précèdent. Ils réfutent péremptoirement des asser-
tions calomnieuses, des insinuations ridicules, produites
dans le but d'égarer l'opinion, et au-dessus desquelles
est la réputation intacte d'un officier qui, dans des campagnes et des missions lointaines, a toujours servi avec
probité le gouvernement de son pays.

TABLE DES MATIÈRES

CHAPITRE X

DOCUMENTS

PARIS. TYPOGRAPHIE DE E. PLON, NOURRIT ET Cⁱᵉ, RUE GARANCIÈRE, 8.

9 782329 453088